Bildergeschichten zur Aufsatzerziehung

Klasse 3/4

5. Auflage 2026

Inhalt: Waldemar Mandzel & Kohl-Verlag
Coverbild: © Waldemar Mandzel & volondoff - AdobeStock.com
Redaktion: Kohl-Verlag
Grafik & Satz: Kohl-Verlag
Druck: farbo prepress GmbH, Köln

Bestell-Nr. 12 653

ISBN: 978-3-98558-044-6

Bildnachweise © AdobeStock.com

Seite 2: Africa Studio; Seite 6+7: freebird Kontur; Seite 10: rosifan19, Ingo Bartussek; Seite 11: davidundderriese, Eczibo; Seite 14: rosifan19; Seite 16: Pixel-Shot; Seite 18: Alx, Gooseman; Seite 19: lisssbetha; Seite 26: R-DESIGN; Seite 27: R-DESIGN, beermedia; Seite 29: Alexander Limbach; Seite 31: pixelliebe, kornkun; Seite 35: cynoclub, Igor; Seite 43: Zarya Maxim; Seite 46: Wayhome Studio, sabelskaya; Seite 47: veekicl; Seite 51: FourLeafLover; Seite 54: vectorplus; Seite 55: ケイーゴ・K; Seite 57: Jan Engel; Seite 65: jokatoons; Seite 66: MicroOne; Seite 70: Neo; Seite 74: ylivdesign; Seite 75: Afanasia; Seite 77: Olga Moonlight; Seite 82: Evolvect; Seite 84: freebird Kontur

Sonstige Bildnachweise: Waldemar Mandzel

Kontakt: Kohl-Verlag, An der Brennerei 37-45, 50170 Kerpen
Tel: +49 2275 331610, Mail: info@kohlverlag.de

Inhalt

Vorwort

Liebe Kolleginnen und Kollegen,

die motivierenden Bildanlässe in diesem Heft regen zum Nachdenken an und erleichtern so den Einstieg in das Aufsatzschreiben.

Zu jeder zusammenhängenden Bilderreihe gibt es einführende Aufgaben. Sie helfen den Schülern, die Angst vor dem leeren Blatt zu überwinden und lassen die Ideen sprudeln.

Weitere Aufgaben zu den wichtigsten Aspekten eines Aufsatzes wie direkte Rede (vorangestellter, nachgestellter und eingeschobener Begleitsatz), Zeichensetzung, verschiedene Satzanfänge, Beschreibung von Gefühlen und Emotionen oder passende Überschriften erleichtern den Einstieg in das Verfassen einer Geschichte.

Verben aus verschiedenen Wortfeldern wie „laufen“, sagen“, „denken“, „fahren“ werden gezielt geschult.

Viel Spaß und Erfolg mit dem Material wünschen der Kohl-Verlag und

Waldemar Mandzel

Symbole:  Grundlegendes Niveau ! Mittleres Niveau  Erweitertes Niveau

Bilderreihe 1

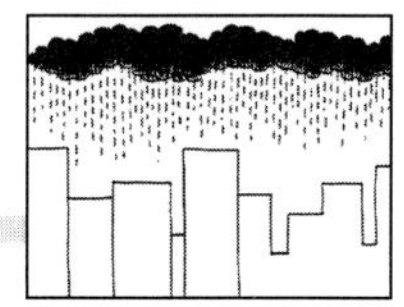

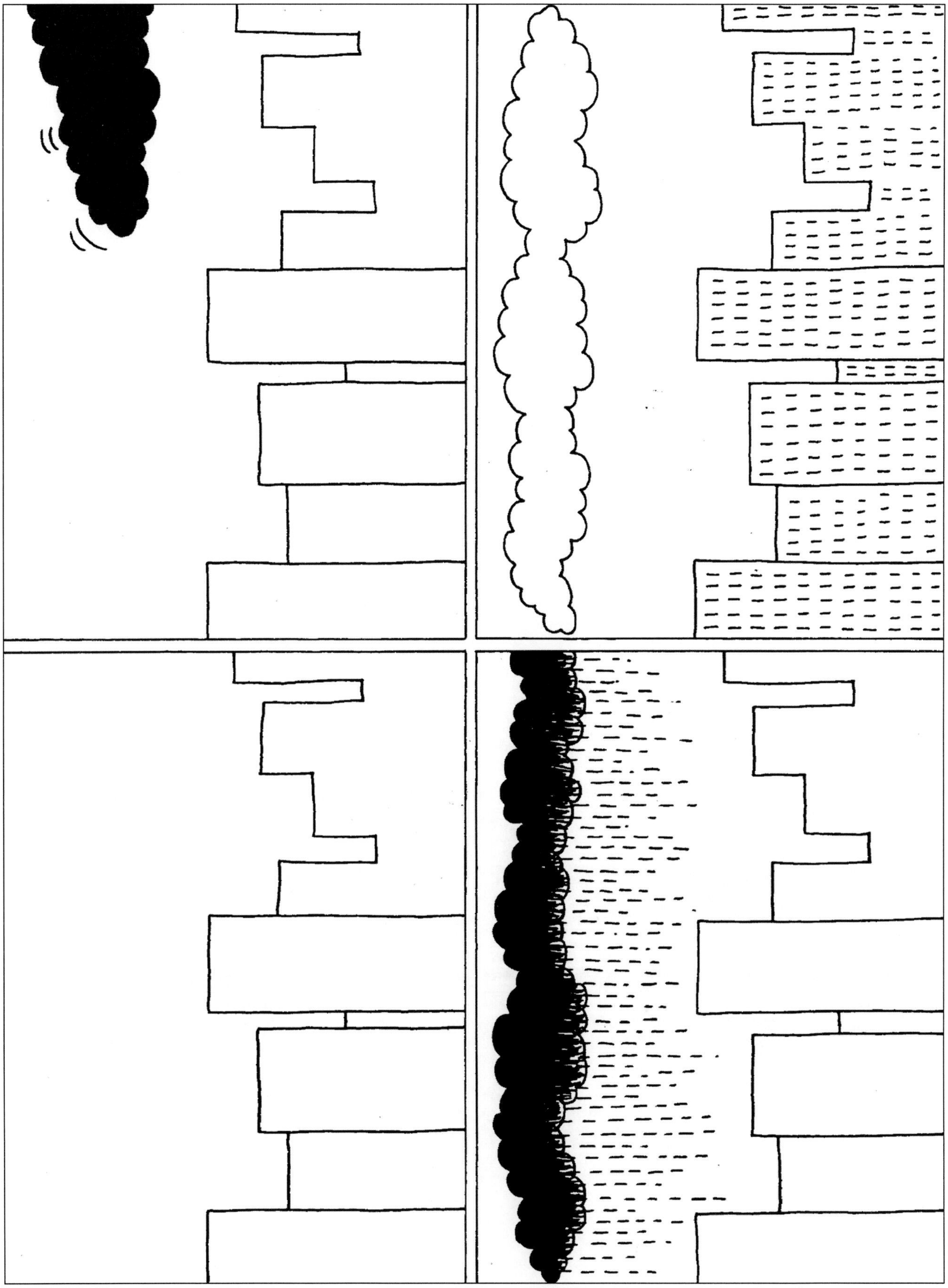

Bilderreihe 1

Aufgaben

Aufgabe 1: **a)** *Male die Bilder aus.*

b) *Welche Wörter fallen dir ein, wenn du die Wolke siehst? Schreibe sie auf.*

____

____

____

____

____

Aufgabe 2: *Schreibe jeweils passende Wörter unter die Bilder.*

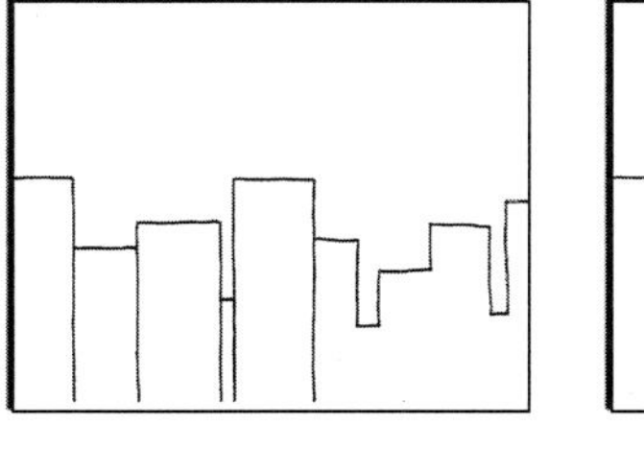

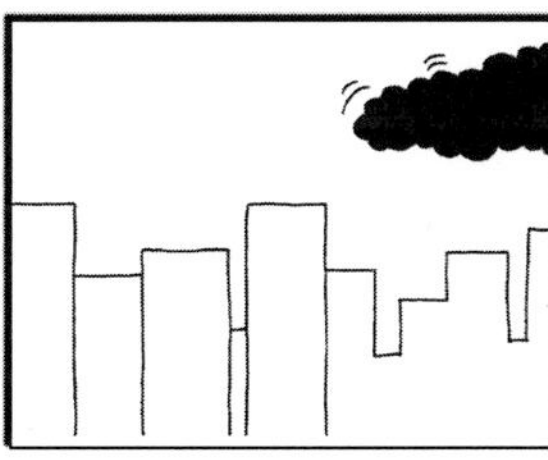

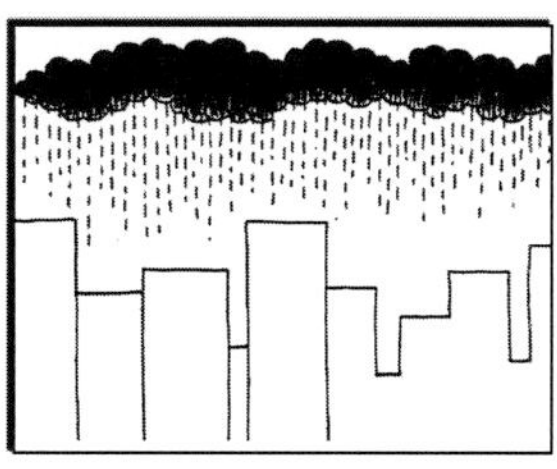

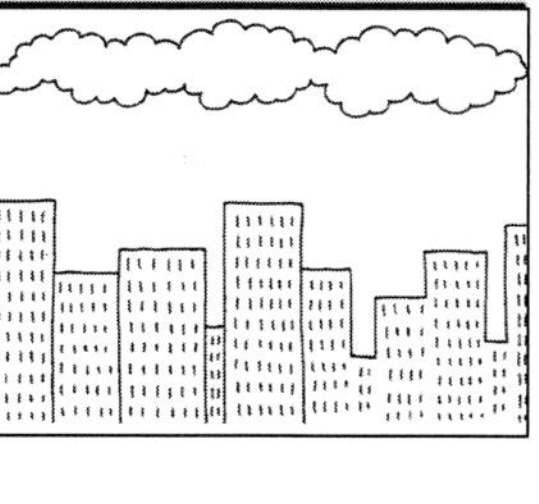

______________	______________	______________	______________
______________	______________	______________	______________
______________	______________	______________	______________
______________	______________	______________	______________
______________	______________	______________	______________

Aufgabe 3: *Welche Aussage passte zu den Bildern? Kreise ein.*

es war ein schöner Sommertag	es war tief in der Nacht	in einer Großstadt

große Schneewolke	schwere dunkle Regenwolke	viele kleine Wölkchen	ein kleines Dorf im Gebirge

Bilderreihe 1 ⊙ ! ✶

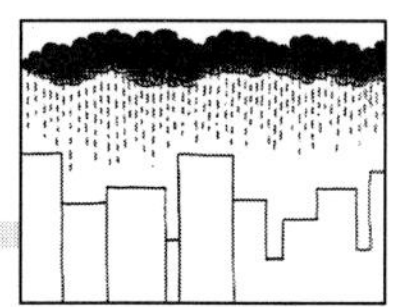

Aufgaben

Aufgabe 1: *Schneide die Bilder aus. Klebe sie in der richtigen Reihenfolge auf. Schreibe unter die Bilder alle Wörter, die dir zu dem jeweiligen Bild einfallen.*

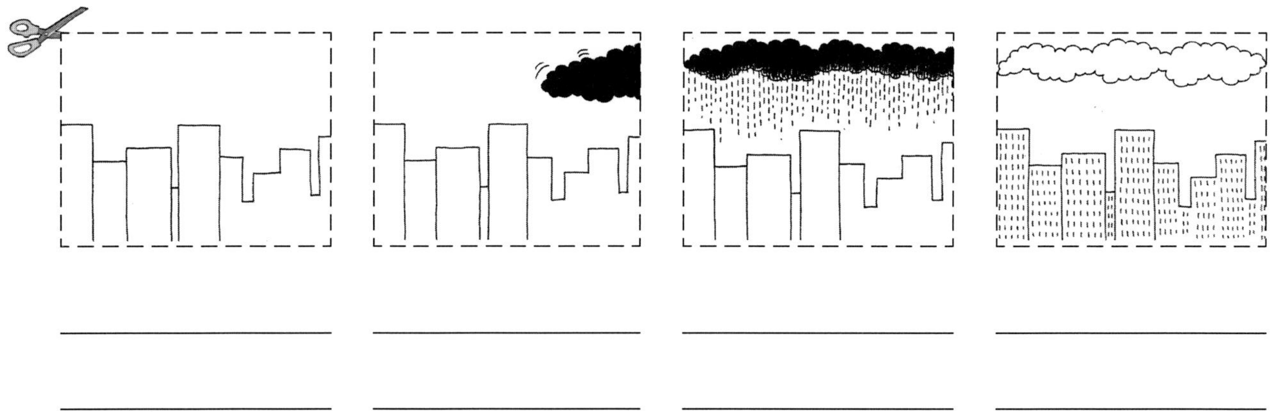

Aufgabe 2: *Hier sind verschiedene Satzanfänge gesammelt. Welche würdest du für diese Bilder nehmen?*

An einem sonnigen Herbsttag … Eines morgens … Jedes Mal …

Kaum … Jetzt… Letzte Woche … Riesige …

Unterdessen … Vorigen Sonntag … Zum Schluss …

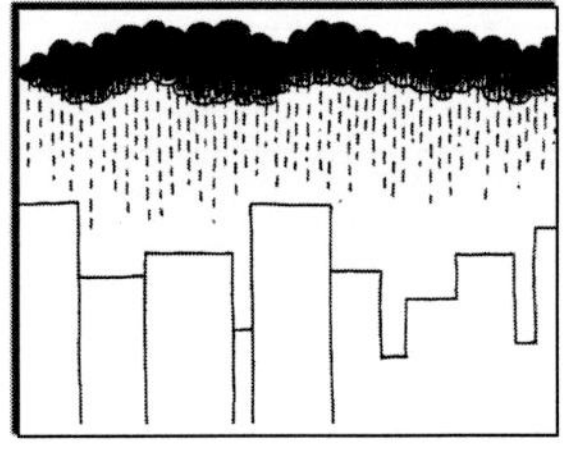

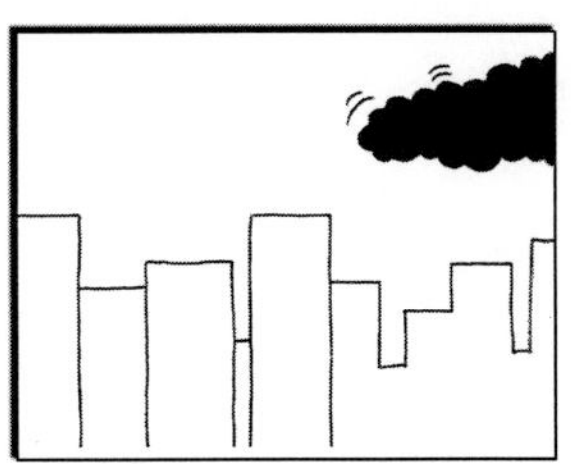

Bildergeschichten zur Aufsatzerziehung
KOHL VERLAG

Bilderreihe 2

1...2...3...4...

...134...135...136...

...2086...2087...2088...

Bilderreihe 2

Aufgaben

Aufgabe 1: **a)** *Male die Bilder aus.*

b) *Sieh dir die Bilder an und schreibe alles, was dir dazu einfällt, auf die Linien. Beantworte dabei die W-Fragen des Jungen auf dem Bild.*

1	2	3	4
	1...2...3...4...	...134...135...136...	...2086...2087...2088...

Wie? Was? Wo? Wer? Wann?

Aufgabe 2: *Denke dir einen Namen für den Jungen aus. Er heißt* ___________________.

Aufgabe 3: *Was könnte der Junge auf dem Bild 1 wohl denken? Kreuze den passenden Satz an.*

☐ Eigentlich will ich noch gar nicht schlafen, aber morgen muss ich früh aufstehen.

☐ Es ist schon 6.30 Uhr… Ich muss mich beeilen…

☐ Ich bin so müde, bestimmt schlafe ich gleich ein, wenn ich im Bett bin…

☐ Schon 10 Uhr! Heute habe ich aber lange geschlafen!

Bilderreihe 2

Aufgaben

Aufgabe 1: *Schreibe passende Tun- und Wiewörter zu der Bildergeschichte auf.*

Tunwörter	Wiewörter

Aufgabe 2: *Wörtliche Rede macht deine Geschichte interessanter und lebendiger. Was könnte der Mann wohl denken oder sagen? Schreibe hier in wörtlicher Rede auf:*

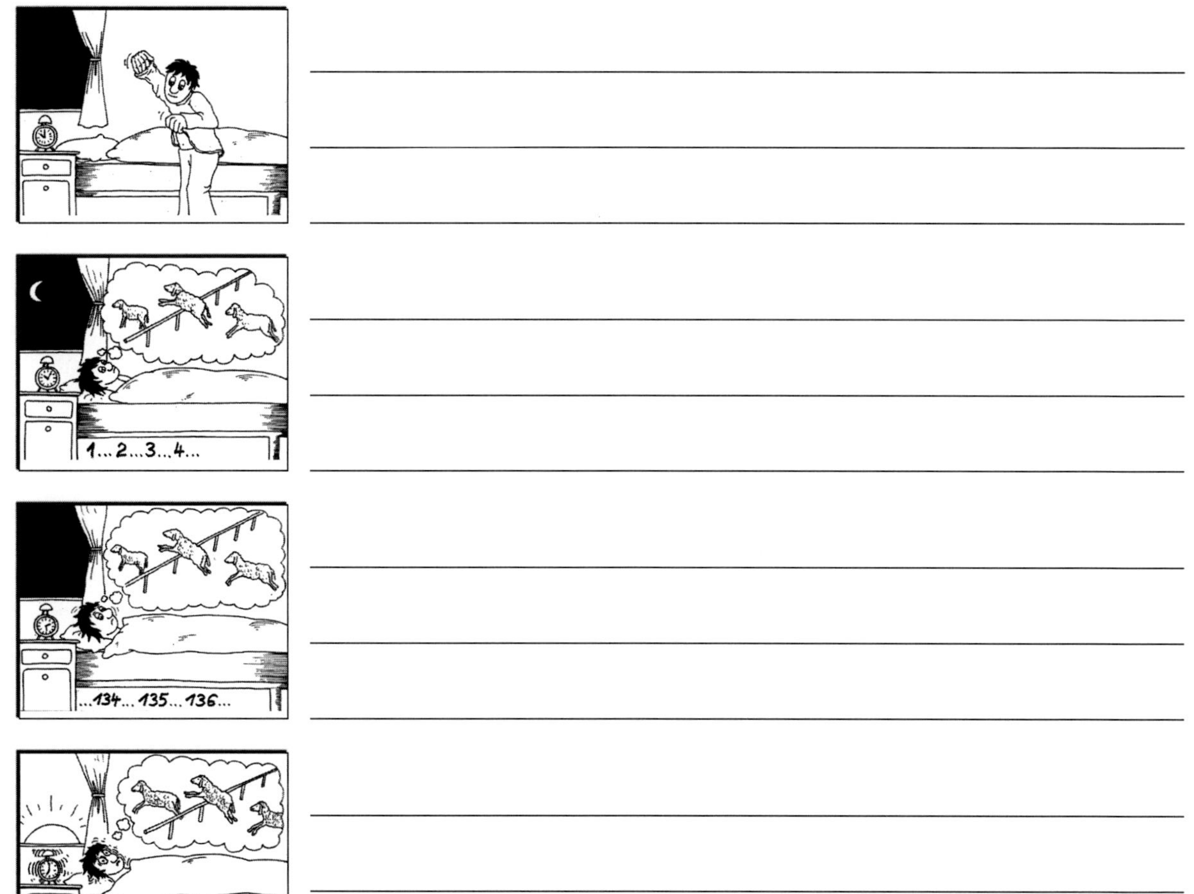

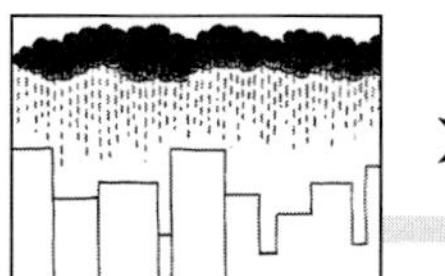

✶ Bilderreihe 2

Aufgaben

Aufgabe 1: *Überlege dir 3 lustige Überschriften für deine Geschichte. Schreibe Sie hier auf.*

Überschrift 1 ________________________________

Überschrift 2 ________________________________

Überschrift 3 ________________________________

Aufgabe 2: *Wähle die am besten passende Überschrift.*

Überschrift __ ________________________________

Aufgabe 3: *Wie könnte die Geschichte weitergehen? Schreibe hier deine Ideen auf.*

____

____

____

____

____

____

____

____

____

____

____

KOHL VERLAG Bildergeschichten zur Aufsatzerziehung Klasse 3-4 – Bestell-Nr. 12 653

Bilderreihe 3

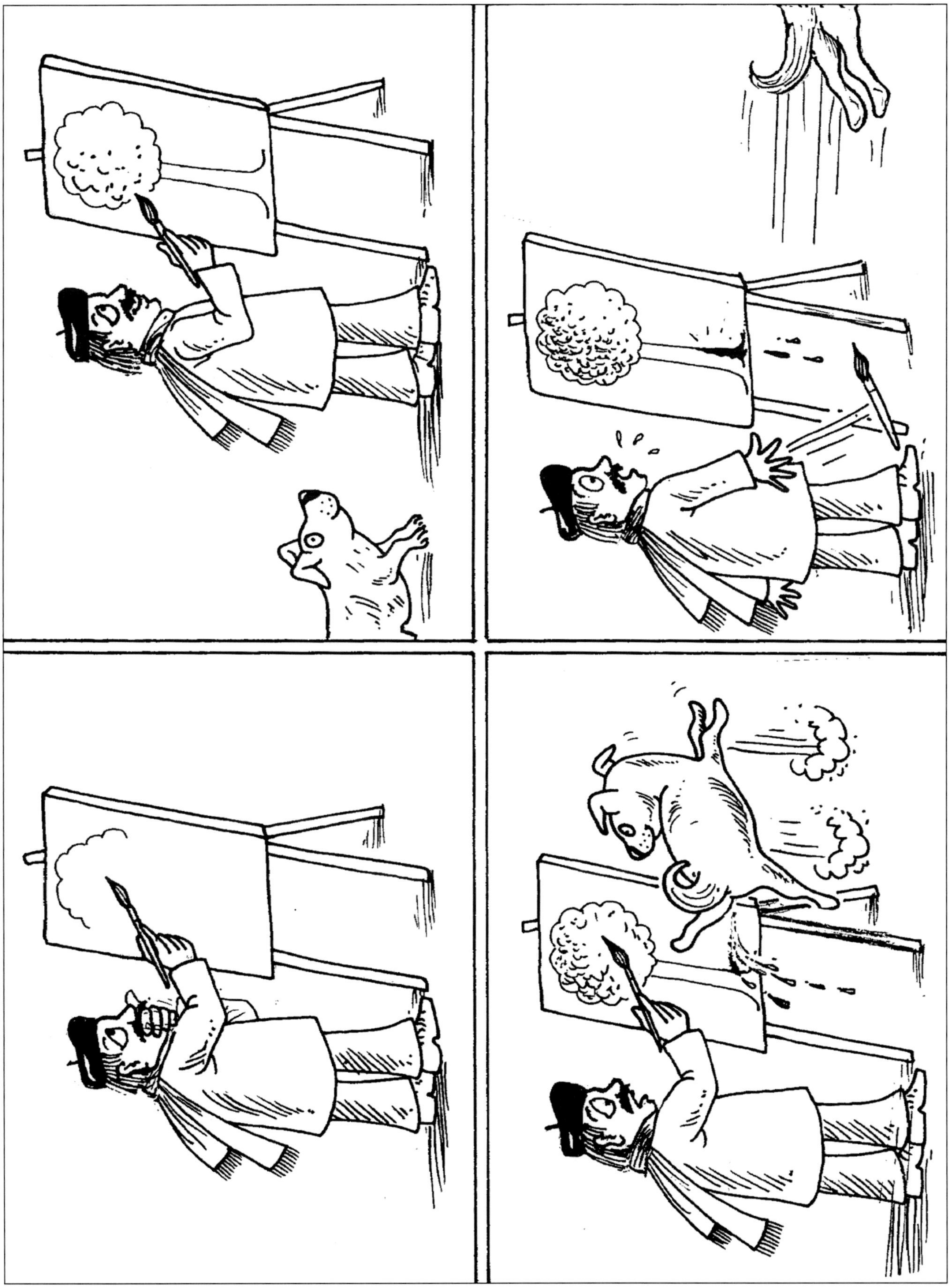

KOHL VERLAG
Bildergeschichten zur Aufsatzerziehung
Klasse 3-4 – Bestell-Nr. 12 653

Bilderreihe 3

Aufgaben

Aufgabe 1: **a)** *Sieh dir die Bilder an und ordne sie in der richtigen Reihenfolge. Trage die richtige Nummer in die Kästchen ein.*

b) *Sieh dir die Bilder an und schreibe alles, was dir dazu einfällt, auf die Linien. Beantworte dabei die W-Fragen.*

____

____

____

____

Aufgabe 2: *Suche jeweils einen Namen für den Mann und den Hund aus.*

Der Mann heißt __________________ *Der Hund heißt* __________________

Aufgabe 3: *Was könnte der Mann wohl denken? Schreibe seine Gedanken in wörtlicher Rede hier auf.*

  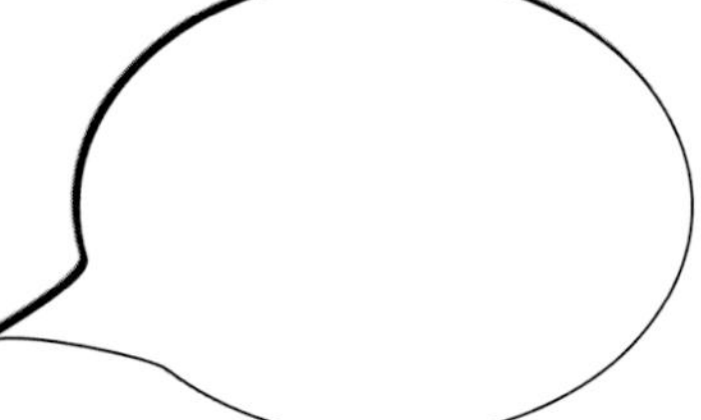

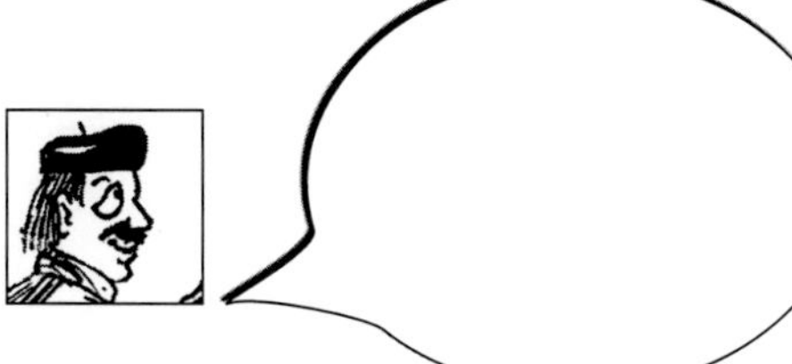  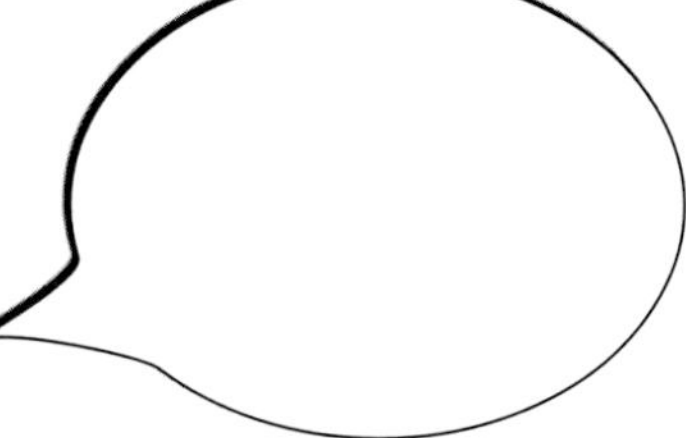

Bildergeschichten zur Aufsatzerziehung
Klasse 3-4 – Bestell-Nr. 12 653
KOHL VERLAG

Bilderreihe 3

Aufgaben

Aufgabe 1: *Suche drei Sätze aus Aufgabe 3 aus und schreibe jeweils einen Begleitsatz dazu. Denke an die richtigen Satzzeichen.*

Vorangestellter Begleitsatz: ____________________

____

____

____

____

Nachgestellter Begleitsatz: ____________________

____

____

____

____

Eingeschobener Begleitsatz: ____________________

____

____

____

____

Bildergeschichten zur Aufsatzerziehung
Klasse 3-4 – Bestell-Nr. 12 653

★ Bilderreihe 3

Aufgaben

Aufgabe 1: **a)** *Suche hier nur die Adjektive aus, die die Gefühle des Mannes auf den Bildern 1-4 beschreiben könnten. Kreuze an.*

Adjektiv	
ängstlich	
besorgt	
gestresst	
nervös	
wütend	
aufgeregt	
entspannt	
nachdenklich	
sprachlos	
verwirrt	
ausgeglichen	
beleidigt	
lustig	

Adjektiv	
traurig	
verblüfft	
begeistert	
böse	
verlegen	
gelassen	
unbekümmert	
zornig	
zufrieden	
bedrückt	
entsetzt	
sauer	
aggressiv	

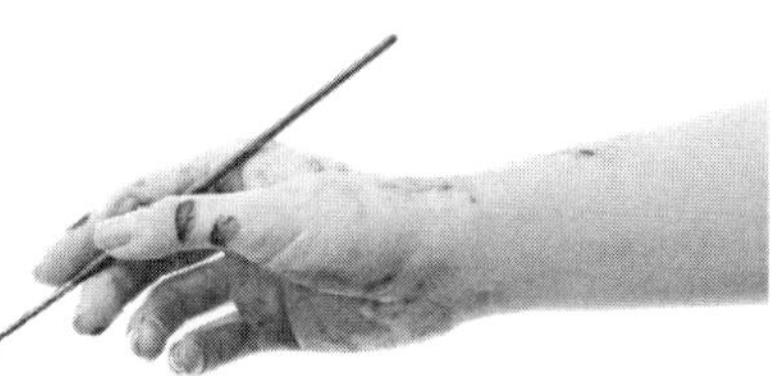

b) *Welche der Adjektive beschreiben gleiche oder ähnliche Gefühle? Markiere sie in gleicher Farbe.*

c) *Ordne die Adjektive nun den Bildern zu.*

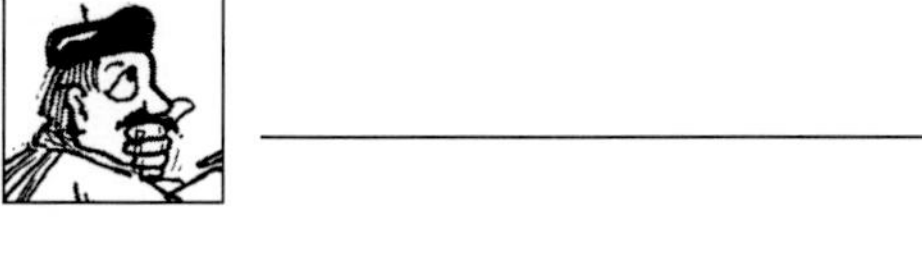

KOHL VERLAG Lernen mit Erfolg
Bildergeschichten zur Aufsatzerziehung
Klasse 3-4 ▪ Bestell-Nr. 12 653

Bilderreihe 4

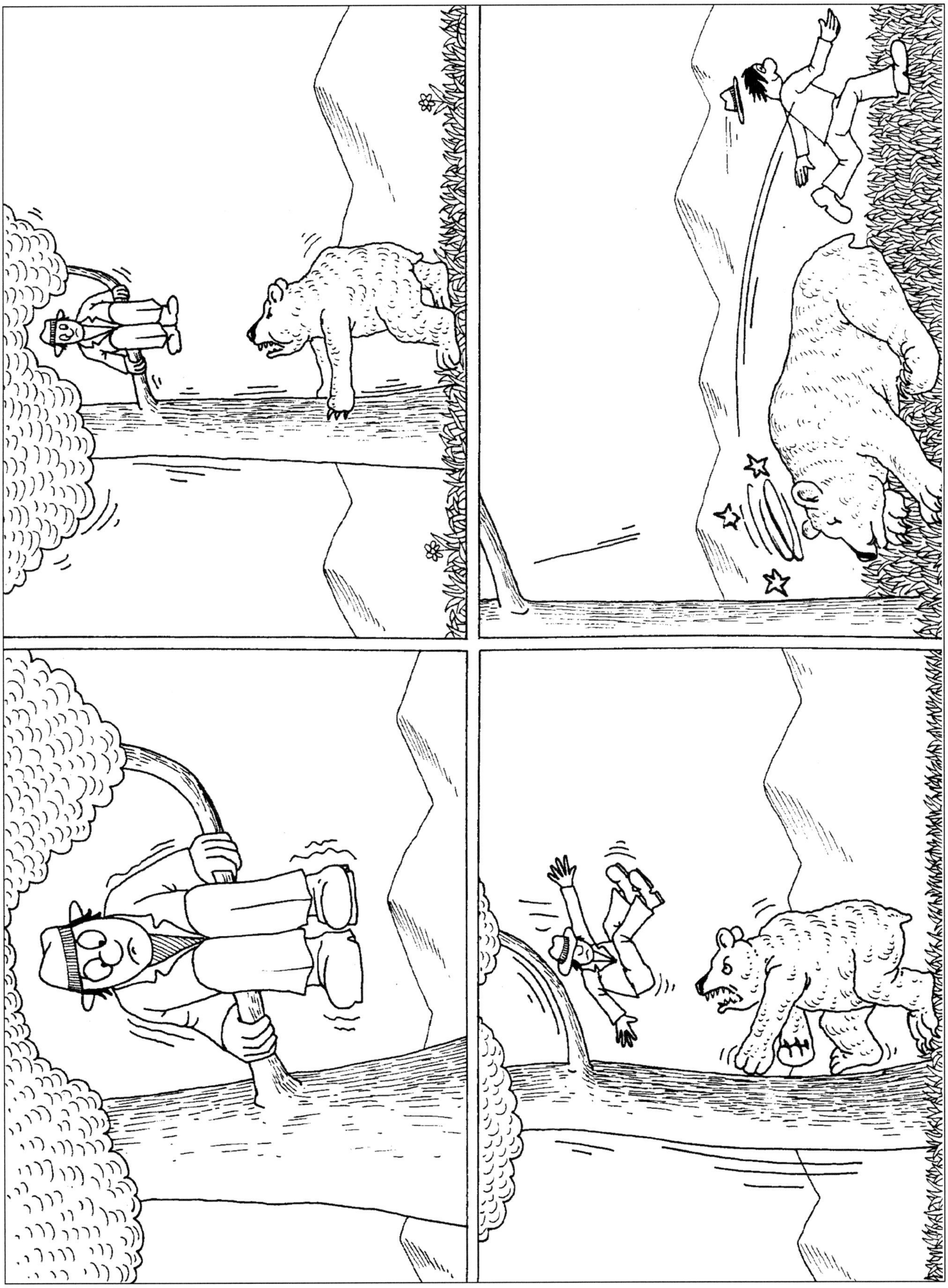

⊙ ! ✶ Bilderreihe 4

Aufgaben

Aufgabe 1: *Finde hier 6 Synonyme zum Substantiv **Angst**. Schreibe sie auf.*

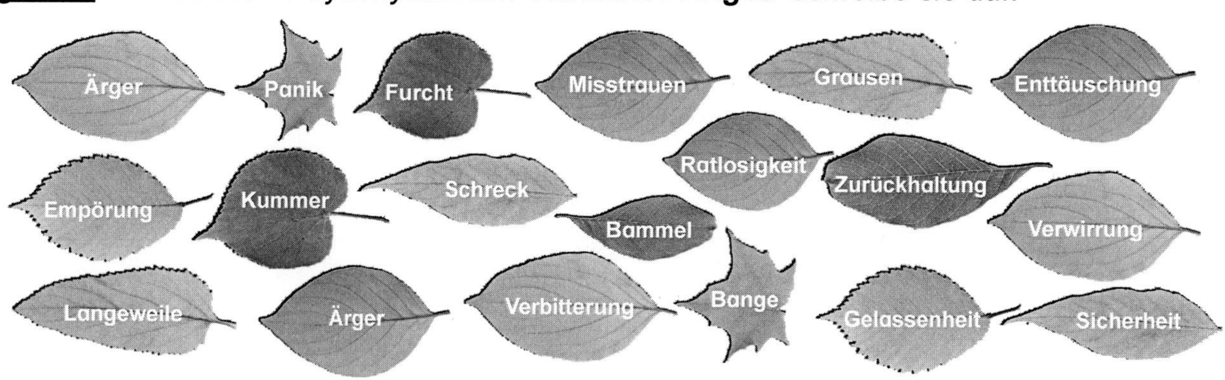

Synonyme zu „Angst“:

____

____

Aufgabe 2: **a)** *Schreibe hier möglichst viele Wörter, die du anstatt „fallen“ sagen kannst. Wenn du noch mehr Wolken brauchst, male sie einfach dazu.*

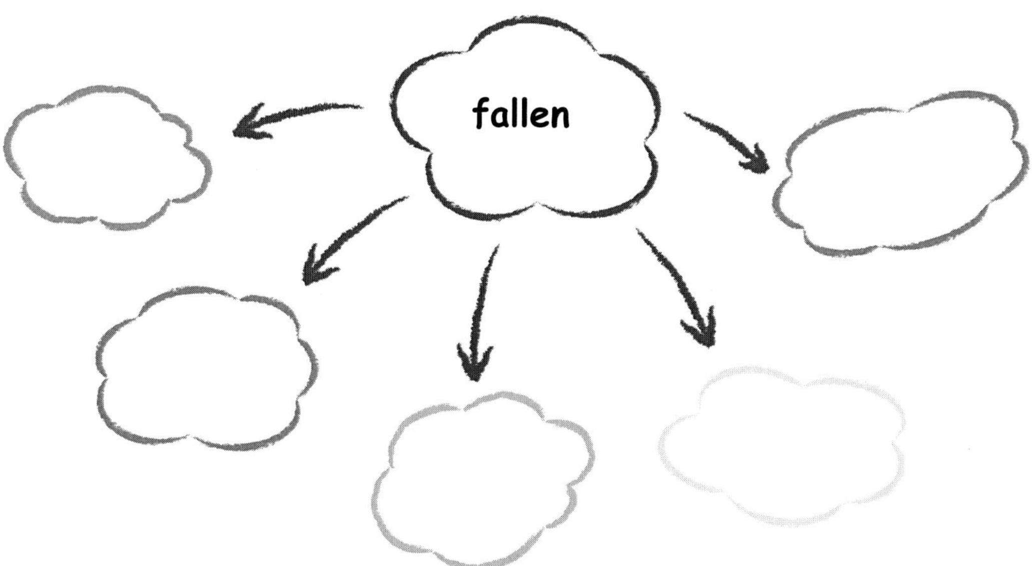

b) *Bilde das Präteritum für folgende Ausdrücke aus dem Wortfeld „sich erschrecken“*

Infinitiv	Präteritum
sich erschrecken	er erschrak sich
einen Schrecken bekommen	er
Fassung verlieren	er
sich ängstigen	er
zittern	er
schauern	er

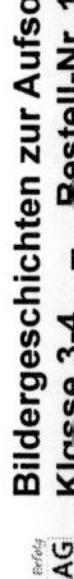

Bilderreihe 4

Aufgaben

Aufgabe 1: *Finde treffende Adjektive für die Gefühle des Mannes auf den Bildern. Schreibe sie auf die Linien.*

tapfer **entspannt** **ausgeglichen** **böse** **besorgt** **beleidigt** **aufgeregt** **begeistert** **gestresst** **entsetzt** **ängstlich** **nachdenklich** **tapfer** **fröhlich** **lustig** **zärtlich** **erleichtert** **gelassen** **stolz** **sauer** **mutig** **dankbar** **nervös** **enttäuscht** **sprachlos** **traurig** **neidisch** **zufrieden** **verwirrt** **zornig** **unbekümmert** **lustig** **verlegen** **wütend** **verblüfft**

___

___

___

___

___

___

___

___

___

___

___

✶ Bilderreihe 4

Aufgaben

Aufgabe 1: *Wörtliche Rede und Gedanken machen die Geschichte „lebendiger". Was denkt sich wohl der Mann auf dem jeweiligen Bild? Fülle die Gedankenblasen aus. Schreibe die Sätze unten auf die Schreiblinie. Achte auf die Zeichensetzung.*

Hoffentlich,
geht der Bär an
dem Baum vorbei.

Beispiel: Der Mann denkt: „Hoffentlich, geht der Bär an dem Baum vorbei."

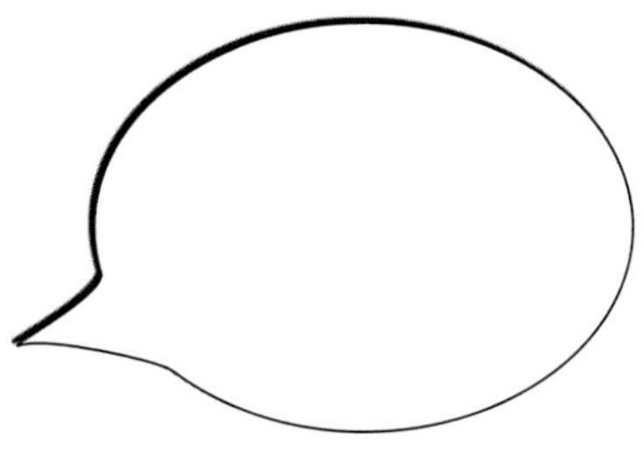

Der Mann fragt sich: „ ____

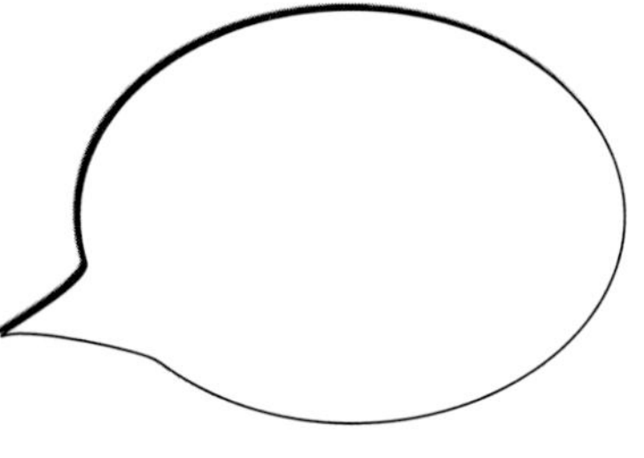

____ ruft der Mann.

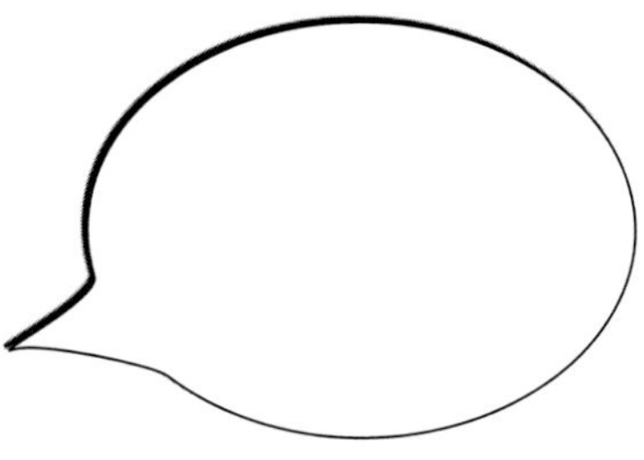

______________________ meint der Mann ______________________

Bildergeschichten zur Aufsatzerziehung
KOHL VERLAG

Bilderreihe 5

⊙ ! ✶ Bilderreihe 5

Aufgaben

Aufgabe 1: *Male die Bilder aus.*

Aufgabe 2: *Beschreibe die Stimmung des Jungen. Finde mindestens drei Adjektive zum jeweiligen Bild.*

Aufgabe 3: *Welche Satzanfänge würdest du für die Beschreibung der Bilder nehmen?*

zugleich ☐ wenige Augenblicke später ☐ danach ☐

soeben ☐ ehe ☐ es war ein schöner Abend ☐

sofort ☐

bald ☐ später ☐ zuerst ☐

außerdem ☐ beim nächsten Mal ☐ schließlich ☐

bald darauf ☐ an einem schönen Sommertag ☐ plötzlich ☐

Bildergeschichten zur Aufsatzerziehung
KOHL VERLAG

Bilderreihe 5

Aufgaben

Aufgabe 1: *Der Gebrauch von verschiedenen Ausrufen macht die direkte Rede und somit die Geschichte lebendiger. Suche hier alle Ausrufe, die zum Bild passen. Verbinde sie mit dem Bild.*

Juhu! **Hurra!** **Wie schön!**

Mann-o-Mann! **Hoppla!**

Eia! **Ach du heiliger Bimbam!**

Bäh!

Um Gottes willen!

Olala! **Oje!**

Sapperlot! **Ach was?**

Pfui! **Hallo?**

Mein lieber Mann!

So was aber auch!

Das gibt's doch gar nicht!

Ach du Schande!

Heissa! **Menschenskinder!** **Alter Schwede!**

Hut ab! **Ojemine!**

Ach du lieber Gott!

Gott sei Dank! **Potz Blitz!**

Bildergeschichten zur Aufsatzerziehung
Klasse 3-4 – Bestell-Nr. 12 653

✶ Bilderreihe 5

Aufgaben

Aufgabe 1: *Bilde jeweils einen Satz in der direkten Rede. Schreibe ihn neben das Bild. Benutze dabei treffende Ausrufe aus der Aufgabe oben.*

Bilderreihe 6

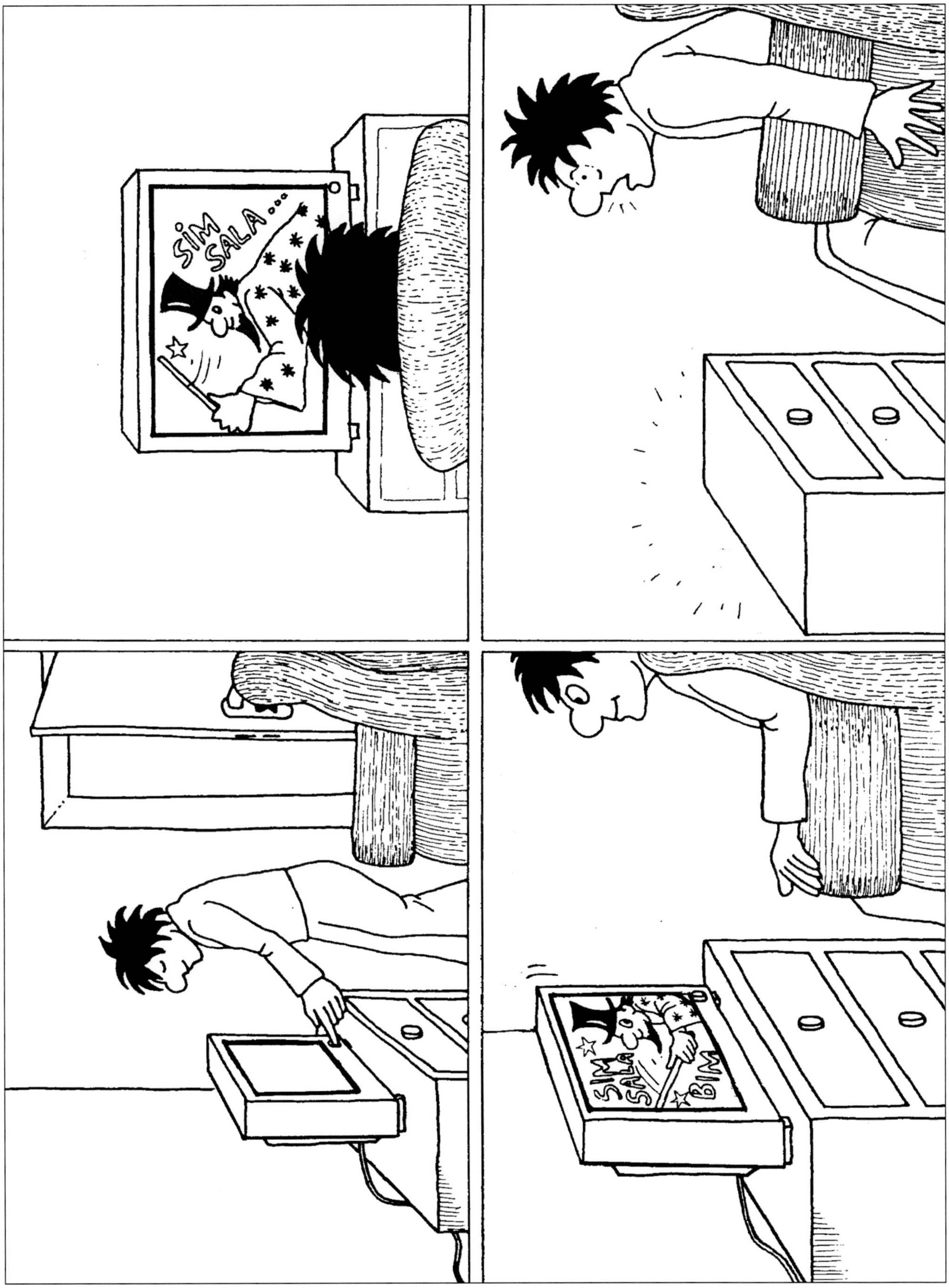

KOHL VERLAG

⊙ ! ★ Bilderreihe 6

Aufgaben

Aufgabe 1: **a)** *Wenn deine Satzanfänge immer gleich sind, wirkt der Text langweilig. Ordne die Satzanfänge richtig zu. Trage sie in die Tabelle ein.*

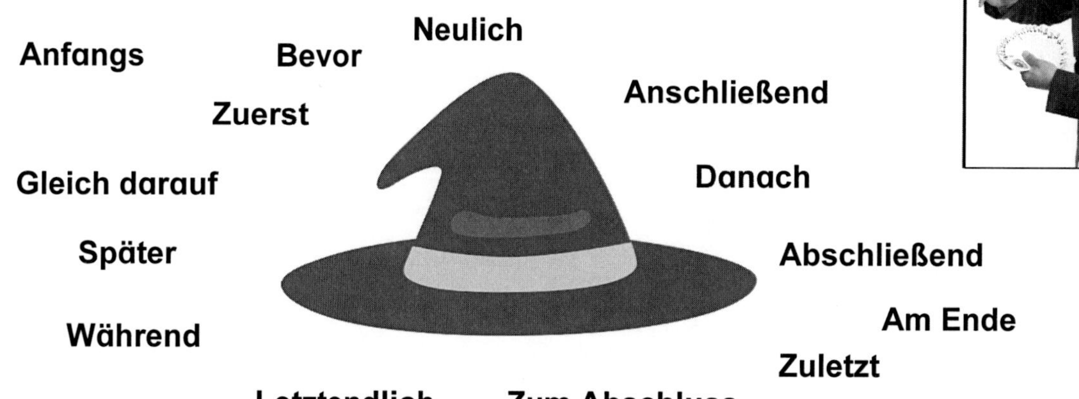

Anfang	Satzmitte	Ende

b) *Welche Satzanfänge fallen dir noch ein? Schreibe sie hier auf.*

______________ … ______________ … ______________ …

______________ … ______________ … ______________ …

Aufgabe 2: *Schreibe eine ganz kurze Geschichte zu den Bildern und verwende dafür verschiedene Satzanfänge aus der ersten Aufgabe.*

____

____

____

____

____

____

Bilderreihe 6 ✶

Aufgaben

Aufgabe 1: *Ordne die Satzanfänge richtig zu. Trage sie in die Tabelle ein.*

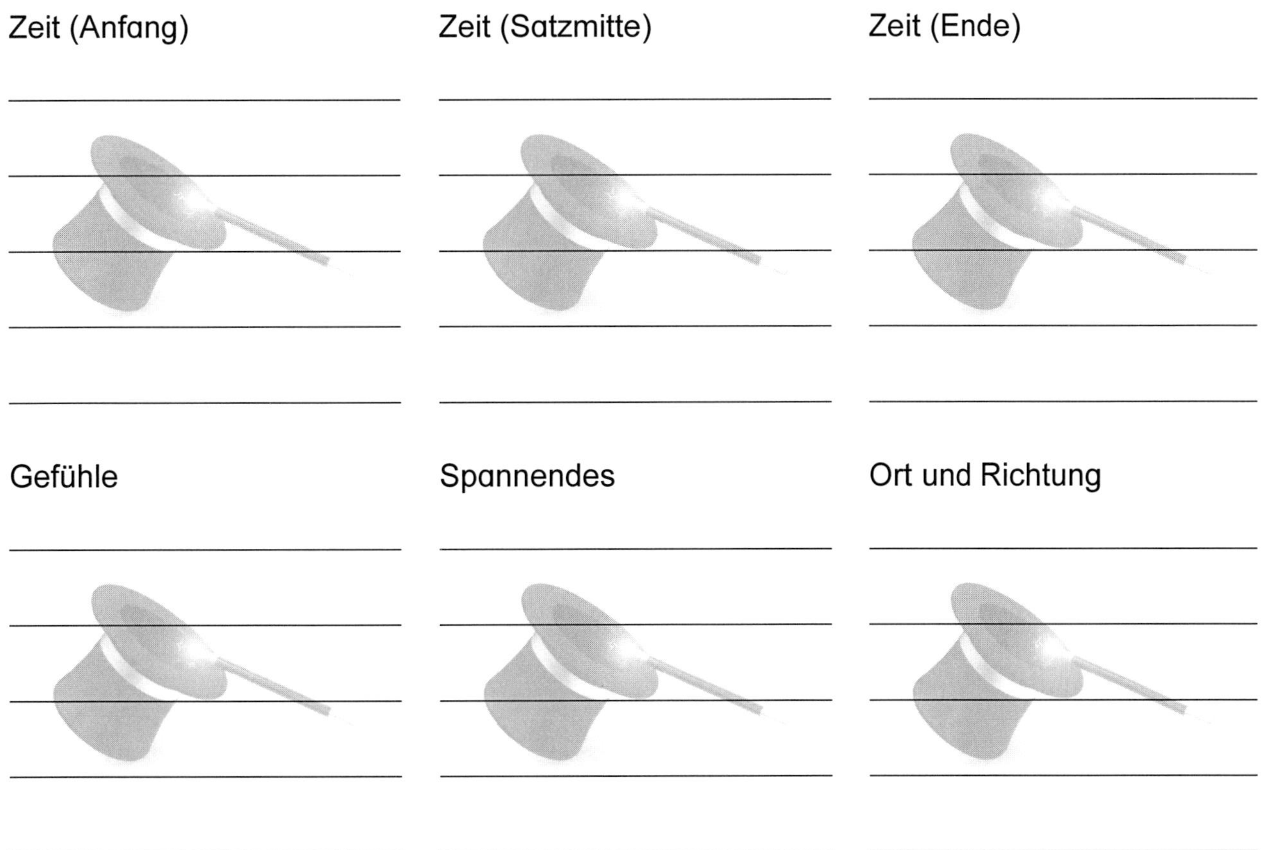

Zeit (Anfang)	Zeit (Satzmitte)	Zeit (Ende)

Gefühle	Spannendes	Ort und Richtung

Aufgabe 2: *Schreibe eine kurze Geschichte zu den Bildern und verwende dafür verschiedene Satzanfänge aus der ersten Aufgabe. Schreibe in dein Heft.*

Bildergeschichten zur Aufsatzerziehung
Klasse 3-4 – Bestell-Nr. 12 653

Bilderreihe 7

Bilderreihe 7 

Aufgaben

Aufgabe 1: *Male die Bilder aus.*

Aufgabe 2: *Betrachte die vier Bilder aufmerksam und beantworte die folgenden Fragen:*

Wer ist auf den Bildern zu sehen?
Was passiert gerade?
Wo spielt die Handlung?

Info: Alle diese Informationen (Wer, Was, Wo …) gehören in die Einleitung einer Geschichte.

Aufgabe 3: *Betrachte den Gesichtsausdruck der Prinzessin auf den Bildern. Was verrät er? Ordne die Adjektive den Bildern zu, indem du B1 (für Bild 1), B2 und B4 über die Adjektive schreibst.*

! Bilderreihe 7

Aufgaben

Aufgabe 1: *Finde treffende Adjektive, die die Prinzessin und den Frosch beschreiben. Bilde Wortverbindungen von Adjekiv und Substantiv.*

Beispiel: *die erschrockene Prinzessin*

Bilderreihe 7

Aufgaben

Aufgabe 1: *Ordne die Adjektive richtig zu.*

positive Gefühle	negative Gefühle

Bilderreihe 8

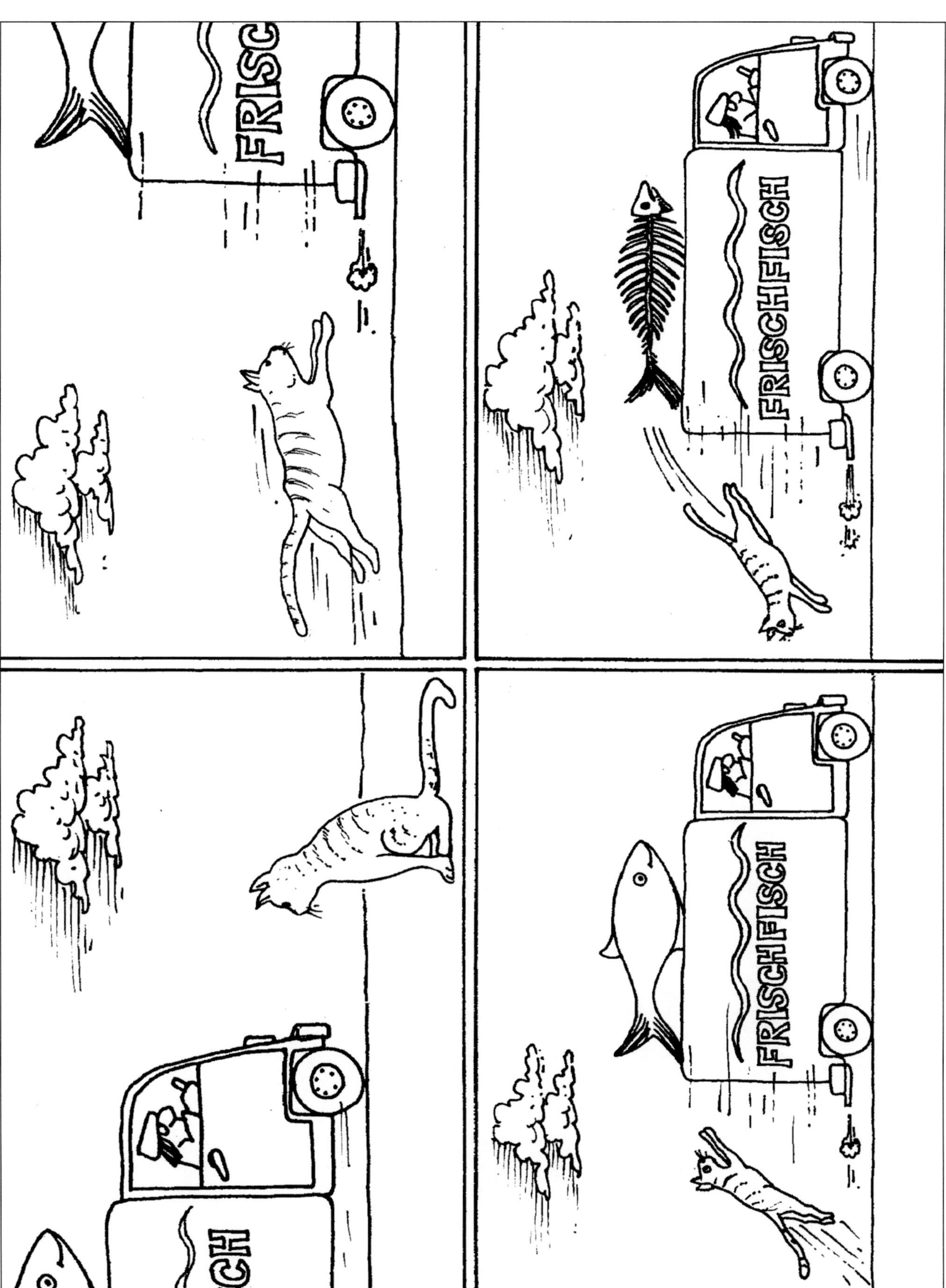

Bilderreihe 8

Aufgaben

Aufgabe 1: *Male die Bilder aus.*

Aufgabe 2: *Betrachte die vier Bilder aufmerksam und beantworte die folgenden Fragen:*

Wer ist auf den Bildern zu sehen?
Was passiert gerade?

Aufgabe 3: *Wenn du der Zeichner wärest, würdest du noch ein Bild zu diesen Bildern malen? Was würdest du auf diesem Bild zeichnen? Beschreibe es kurz.*

Aufgabe 4: **a)** *Finde jeweils ein Stichwort zu jedem Bild, auch zu dem, das du dir ausgedacht hast.*

b) *Jede Geschichte besteht aus 3 Teilen: Einleitung, Hauptteil und Schluss. Ordne die 5 Bilder in diese 3 Teile ein. Schreibe in dein Heft.*

Bildergeschichten zur Aufsatzerziehung
Klasse 3-4 – Bestell-Nr. 12 653

Bilderreihe 8

Aufgaben

Aufgabe 1: *Wie könnte die Katze wohl heißen? Schreibe hier mindestens drei Namen.*

Aufgabe 2: **a)** *Was denkt wohl die Katze auf jedem Bild?*

b) *Schreibe hier drei Sätze in der direkten Rede zu 3 der 4 Bilder.*

Bilderreihe 8 ✶

Aufgaben

Aufgabe 1: *Wie könnte die Geschichte weitergehen? Schreibe in der Ich-Form aus der Sicht der Katze.*

Bildergeschichten zur Aufsatzerziehung
Klasse 3-4 – Bestell-Nr. 12 653
KOHL VERLAG

Bilderreihe 9

Bildergeschichten zur Aufsatzerziehung
Klasse 3-4 ■ Bestell-Nr. 12 653
KOHL VERLAG

Bilderreihe 9

Aufgaben

Aufgabe 1: **a)** *Male die Bilder aus.*

b) *Beschreibe das Aussehen der Person auf dem Bild.*

c) *Verfasse anschließend einen Steckbrief von dir selbst. Schreibe in dein Heft.*

Geschlecht: Junge ☐ Mädchen ☐

Alter: _____ Jahre Größe: _____ cm

Aussehen

Haare: blond ☐ braun ☐ rot ☐ schwarz ☐ oder ____________

Länge:	lang ☐	kurz ☐	stufig ☐
Struktur:	glatt ☐	gelockt ☐	wellig ☐
Frisur:	fransig ☐	Pferdeschwanz ☐	Pony ☐

oder ____

Augenfarbe: braun ☐ blau ☐ grün ☐ grau ☐

oder ____

Kleidung:

Oberkörper: ____________________________________

(Farbe + Hemd, Pulli, Hemd, T-Shirt)

Unterkörper: ____________________________________

(Farbe + Halbschuhe, Turnschuhe …)

Besondere Merkmale:

____

____

____

____

! Bilderreihe 9

Aufgaben

Aufgabe 1: *Vier Ausrufe passen nicht zum Bild. Welche sind es? Streiche sie durch. Welche Ausrufe wären in dieser Situation (hinfallen) noch möglich? Schreibe unten auf.*

Au!

Heissa!

Hurra!

Hallo?

Aua!

Gott sei Dank!

Autsch!

Hoppla!

____

____

____

____

Bilderreihe 9

✶ 

Aufgaben

Aufgabe 1: *Finde hier 10 Verben mit gleicher/ähnlicher Bedeutung aus dem Wortfeld „fallen“ und schreibe sie auf die Linien.*

H	W	E	T	V	J	S	T	Ü	R	Z	E	N	K	L
I	G	H	J	U	T	V	C	R	E	D	G	F	T	U
N	T	A	U	S	R	U	T	S	C	H	E	N	Z	N
F	B	F	R	H	Q	A	S	D	E	I	Y	X	D	R
A	N	T	H	B	R	D	X	E	G	N	K	I	G	F
L	K	P	L	U	M	P	S	E	N	S	F	P	V	H
L	A	B	S	I	N	K	E	N	T	E	T	U	E	I
E	B	W	S	C	V	B	Z	G	R	G	H	R	F	N
N	S	A	S	D	F	G	H	Z	T	E	G	Z	G	K
E	A	G	H	J	K	L	O	Z	G	L	V	E	H	N
N	C	H	I	N	S	A	U	S	E	N	D	L	U	A
R	K	E	R	T	G	H	F	G	B	E	X	N	T	L
V	E	Q	A	S	E	R	T	Z	H	J	I	N	N	L
B	N	S	C	F	V	G	B	H	N	J	M	K	R	E
H	T	W	D	G	T	E	C	V	B	N	U	K	D	N

Bilderreihe 10

Bildergeschichten zur Aufsatzerziehung
Klasse 3-4 – Bestell-Nr. 12 653
KOHL VERLAG

Bilderreihe 10

Aufgaben

Aufgabe 1: *Male die Bilder aus.*

Aufgabe 2: *Betrachte die vier Bilder aufmerksam und beantworte die folgenden Fragen: Was passiert gerade? Wo spielt die Handlung? Schreibe in Stichwörtern.*

Aufgabe 3: *Schreibe die Gedanken des Mannes in die Sprechblasen.*

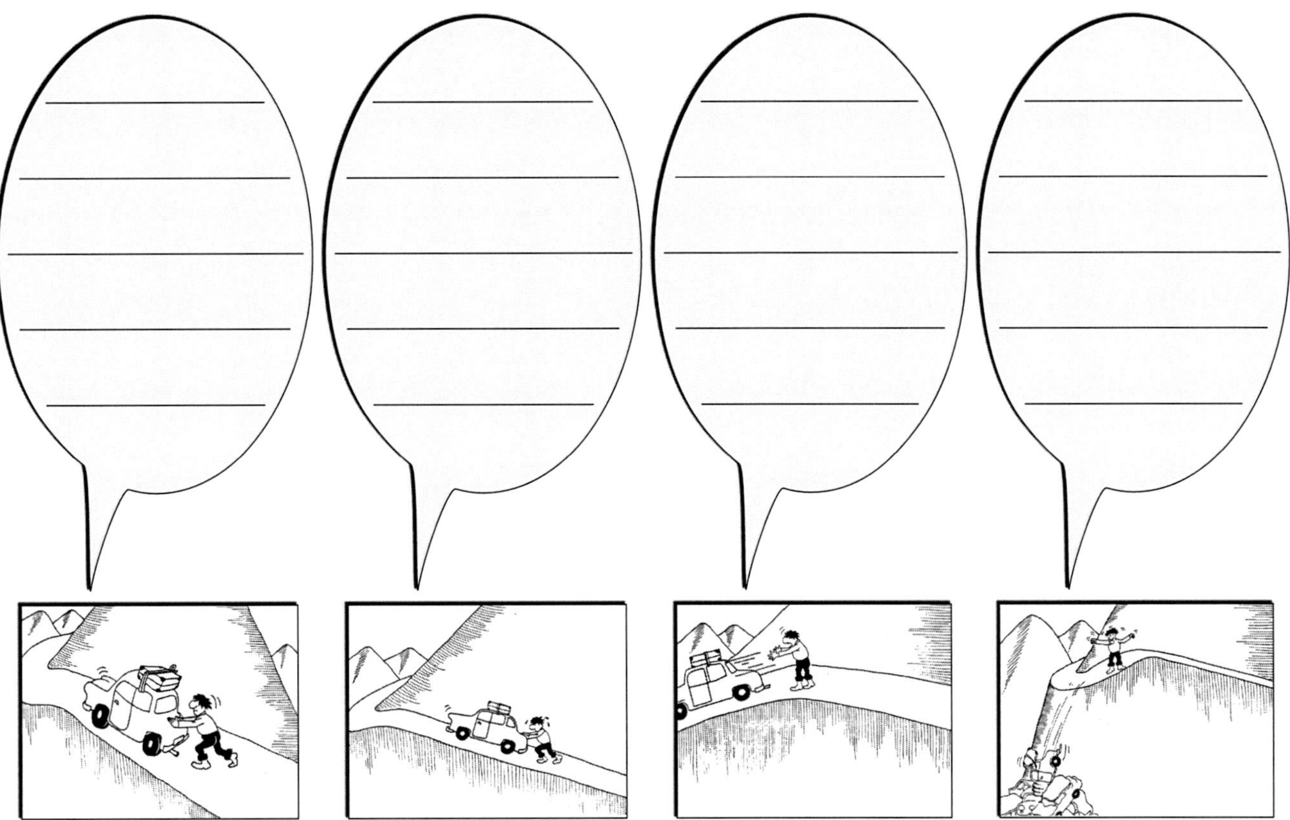

! Bilderreihe 10

Aufgaben

Aufgabe 1: *Schreibe die Gedanken in Sätzen auf. Es sollen dabei ein vorangestellter Begleitsatz, ein nachgestellter Begleitsatz und ein eingeschobener Begleitsatz vorkommen. Du darfst aussuchen, welche Art zweimal vorkommt.*

Bildergeschichten zur Aufsatzerziehung
Klasse 3-4 – Bestell-Nr. 12 653
KOHL VERLAG

Bilderreihe 10

★

Aufgaben

Aufgabe 1: *Betrachte die vier Bilder und schreibe kurz, was „vorher" passiert ist. Schreibe in der Ich-Form aus der Sicht des Mannes. Achte darauf, dass alle Verben in der gleichen Zeit stehen.*

Aufgabe 2: *Überlege, wie die Geschichte weitergehen könnte. Schreibe in vollständigen Sätzen. Wenn du magst, male ein Bild dazu.*

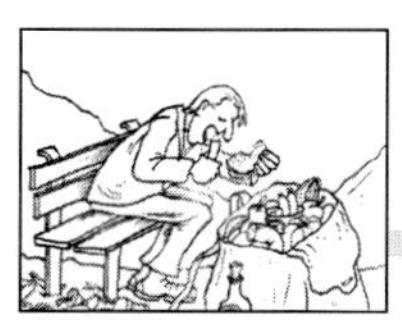

Bilderreihe 11

Bildergeschichten zur Aufsatzerziehung
Klasse 3-4 – Bestell-Nr. 11 653
KOHL VERLAG

Bilderreihe 11

Aufgaben

Aufgabe 1: *Male die Bilder aus.*

Aufgabe 2: *Betrachte die Bilder aufmerksam. Lies die Wörter aus dem Wortfeld „laufen“ und suche die Verben, die am besten zu dem jeweiligen Bild passen. Schreibe sie auf.*

trotten – schreiten – wackeln – wandern – pendeln – stolpern – trödeln – marschieren – spazieren – wandeln – bummeln – schlendern – laufen – rennen – straucheln – eilen – wanken – hasten – schleppen – stürmen – humpeln – flüchten – klettern – torkeln – stürzen – springen – hinken – trippeln – taumeln – stolzieren – schlurfen – flitzen – waten – stampfen – tappen – fortgehen – beeilen – hechten – huschen – preschen – rasen – hetzen – sausen – sprinten – traben – flanieren – sich schleichen – watscheln – schwanken

____

____

____

____

____

____

____

____

____

____

! Bilderreihe 11

Aufgaben

Aufgabe 1: *Welche der folgenden Überschriften würdest du zu der Bilderreihe nehmen? Überlege dir auch zwei eigene Überschriften.*

- Ein gelungener Ausflug
- Voller Bauch studiert nicht gern
- Hauptsache essen
- ______________________________
- ______________________________

Aufgabe 2: *Überlege dir auch für diese Bilder eigene Überschriften.*

Bilderreihe 11

✶

Aufgaben

Aufgabe 1: *Hier sind 6 Sprichwörter über das Essen* <u>*verschlüsselt*</u>*. Bringe die Worte in die richtige Reihenfolge und schreibe sie auf.*

Essen | dem | sollst | du | stehen | oder | Schritte | gehen | tausend | nach

____

____

Brei | verderben | den | Köche | viele

____

____

Brot | fremder | Besser | Braten. | eigenes | als

____

____

süß | Hunger | saure | Bohnen | macht

____

____

den | knacken | Kern | will, | muss | die | Wer | Nuss | essen

____

____

Bildergeschichten zur Aufsatzerziehung
Klasse 3-4 – Bestell-Nr. 12 653
KOHL VERLAG

Bilderreihe 12

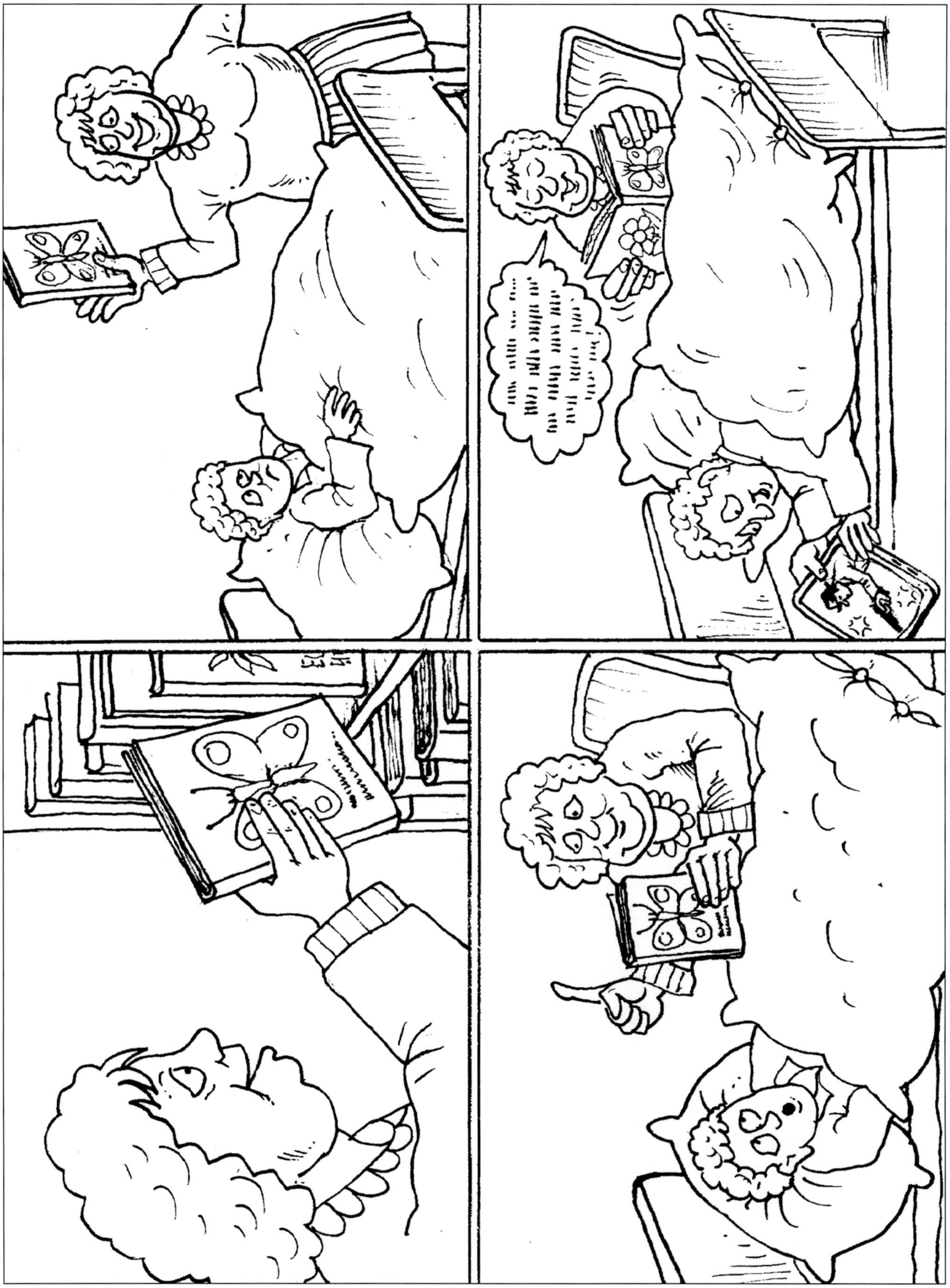

Bilderreihe 12 ⊙ ! ✶

Aufgaben

Aufgabe 1: **a)** *Male die Bilder aus.*

b) *Denke dir einen Namen für den Jungen aus.*

Der Junge heißt ________________________________ .

Was denken wohl die Frau auf Bild 1 und der Junge auf Bild 4?
Schreibe in die Gedankenblasen in der direkten Rede.

Bilde einen Satz mit vorangestelltem Begleitsatz.

____

____

Bilde einen Satz mit nachgestelltem Begleitsatz.

____

____

Aufgabe 2: **a)** *Beschreibe die Gefühle der Personen auf diesen Bildern.*

Frau	Junge	Frau	Junge
____________	____________	____________	____________
____________	____________	____________	____________
____________	____________	____________	____________
____________	____________	____________	____________

b) *Finde hier in der Wortschlange 2 Synonyme zum Adjektiv <u>langweilig</u> und 2 Synonyme zum Adjektiv <u>freudig</u>*

verwirrtheitereinsambegeistertbösartigreizloshilfloseinschläferndsauer

Bildergeschichten zur Aufsatzerziehung
Klasse 3-4 – Bestell-Nr. 12 653
KOHL VERLAG

! Bilderreihe 12

Aufgaben

Aufgabe 1: *Stelle dir den Dialog zwischen den zwei Personen auf dem Bild. Schreibe ihn auf.*

Person A: ______________________________

____

____

Person B: ______________________________

____

____

Person A: ______________________________

____

____

Person B: ______________________________

____

____

Person A: ______________________________

____

____

Person B: ______________________________

____

____

Bildergeschichten zur Aufsatzerziehung
Klasse 3-4 – Bestell-Nr. 12 653
KOHL VERLAG

Bilderreihe 12

Aufgaben

Aufgabe 1: *Finde hier im Suchsel 7 Adjektive aus dem Wortfeld freudig und 6 Adjektive aus dem Wortfeld langweilig.*

U	L	K	I	G	S	B	L	U	S	T	I	G	W	B
A	B	G	E	S	C	H	L	A	F	F	T	A	U	E
T	A	D	F	E	Q	W	E	R	A	R	B	N	M	G
R	E	I	Z	L	O	S	R	F	D	O	F	G	J	E
O	E	Z	Q	I	N	J	F	R	E	H	G	H	R	I
C	D	H	A	G	E	D	C	V	F	R	T	G	T	S
K	C	N	D	P	L	H	E	I	T	E	R	B	Z	T
E	V	M	F	F	G	H	J	T	T	Z	U	I	B	E
N	U	N	L	E	B	E	N	D	I	G	Z	U	H	R
Z	U	F	R	I	E	D	E	N	Y	X	C	V	U	T

freudig: ____________________________________

____

____

____

____

____

____

langweilig: ____________________________________

____

____

____

____

____

Bilderreihe 13

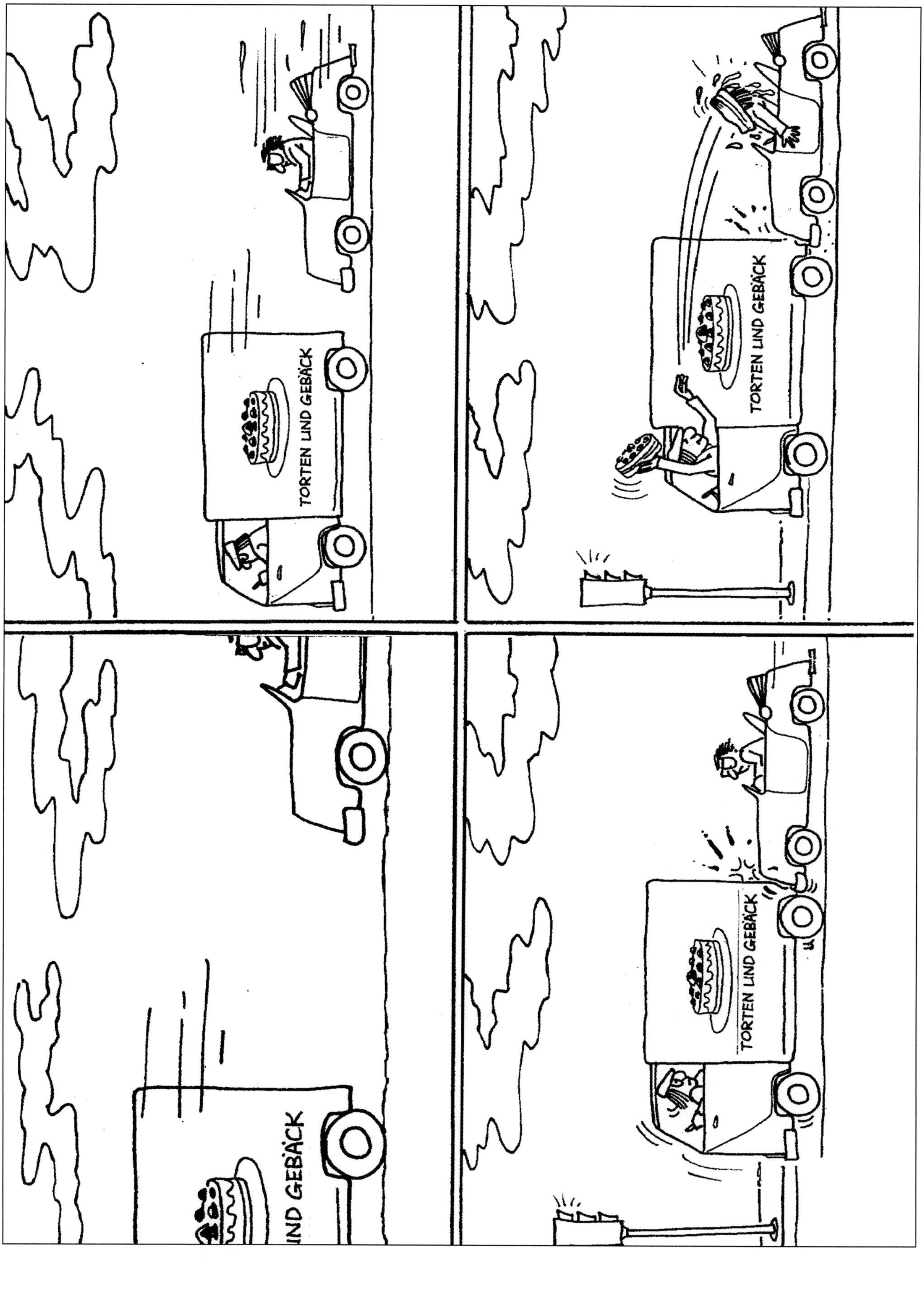

Bilderreihe 13 ⊙ ! ✶

Aufgaben

Aufgabe 1: *Male die Bilder aus.*

Aufgabe 2: *Betrachte die Bilder aufmerksam und beantworte die folgenden Fragen:*

a) *Wer und was ist auf den Bildern zu sehen? Was passiert gerade? Schreibe in ganzen Sätzen.*

____

____

____

____

b) *Welche Gedanken könnte der LKW-Fahrer haben? Benutze die wörtliche Rede.*

____

____

____

____

____

____

____

____

____

____

____

____

KOHL VERLAG
Bildergeschichten zur Aufsatzerziehung
Klasse 3-4 – Bestell-Nr. 12 653

! Bilderreihe 13

Aufgaben

Aufgabe 1: *Welche Verben beschreiben die Art des Fahrens des PKW-Fahrers? Suche 15 Verben auf der Rennbahn und schreibe sie auf. Die restlichen Buchstaben ergeben noch einen Ausdruck für „schnell fahren“. Findest du ihn heraus?*

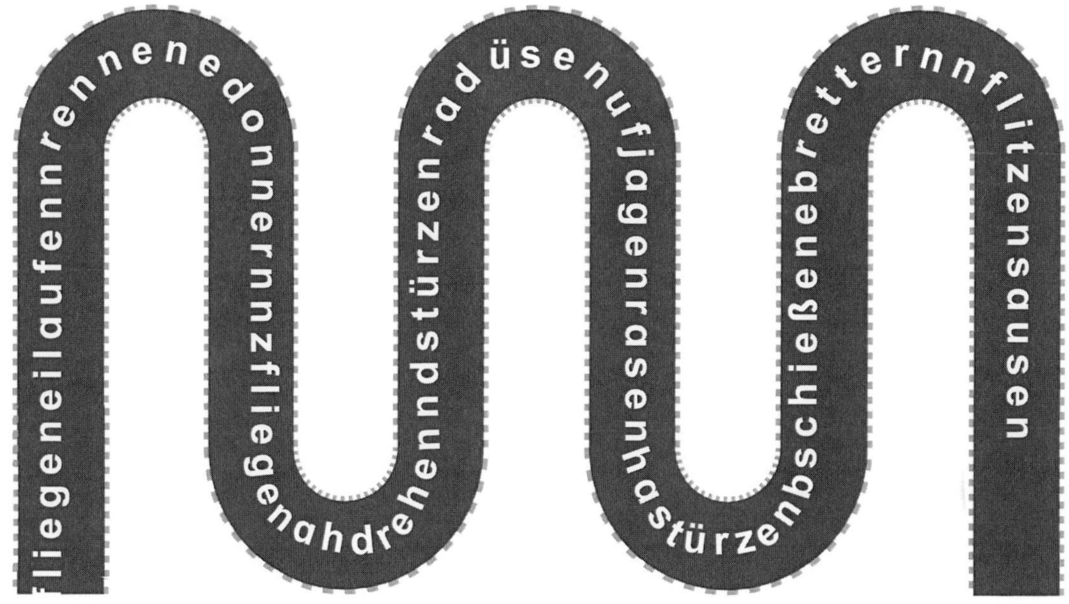

____

____

____

____

____

____

____

____

____

Ausdruck für „schnell fahren“: __________________________

Bilderreihe 13 ✶

Aufgaben

Aufgabe 1: *Anstelle des Wortes* <u>*auffahren*</u> *kann man auch andere Verben verwenden. Im Silbenrätsel findest du 11 verschiedene Möglichkeiten. Schreibe sie auf die Lienien.*

Bildergeschichten zur Aufsatzerziehung Klasse 3-4 – Bestell-Nr. 12 653
KOHL VERLAG

Bilderreihe 14

KOHL VERLAG
Bildergeschichten zur Aufsatzerziehung
Klasse 3-4 ■ Bestell-Nr. 12 653

Bilderreihe 14

Aufgaben

Aufgabe 1: *Wähle aus der Liste nur die Adjektive aus, die die Gefühle des Mannes beschreiben. Schreibe sie auf die Linien.*

glücklich

zufrieden

erschrocken

schüchtern

überrascht

bedacht

vornehm

fassungslos

sprachlos

entgeistert

verdattert

verblüfft

verdutzt

verwirrt

ausgeglichen

verwundert

gelassen

erfüllt

froh

! Bilderreihe 14

Aufgaben

Aufgabe 1: *Finde hier im Suchsel 10 Verben aus dem Wortfeld „denken". Bilde mit einem dieser Verben einen Satz in der direkten Rede. Der Satz soll zu den Bildern passen.*

Ü	B	E	R	L	E	G	E	N	D	E	R	C
Q	W	E	R	D	G	R	R	A	E	D	U	E
V	G	Z	U	N	K	Ü	F	C	C	C	H	R
M	H	Z	E	T	F	B	V	H	G	F	N	M
E	W	Q	A	H	N	E	N	D	Z	V	M	E
K	J	H	G	F	D	L	H	E	H	G	K	S
A	B	W	Ä	G	E	N	J	N	B	B	L	S
E	R	A	C	H	T	E	N	K	V	H	P	E
K	J	H	G	F	D	S	M	E	I	N	E	N
A	N	N	E	H	M	E	N	N	F	F	G	K
P	H	A	N	T	A	S	I	E	R	E	N	D

Dein Satz in wörtlicher Rede: ______________________

Bildergeschichten zur Aufsatzerziehung
Klasse 3/4 – Bestell-Nr. 12 653

KOHL VERLAG

Bilderreihe 14 

Aufgaben

Aufgabe 1: *Was denkt wohl der Mann? Bilde jeweils einen vorangestellten und einen nachgestellten Begleitsatz. Setze alle Satz- und Redezeichen ein.*

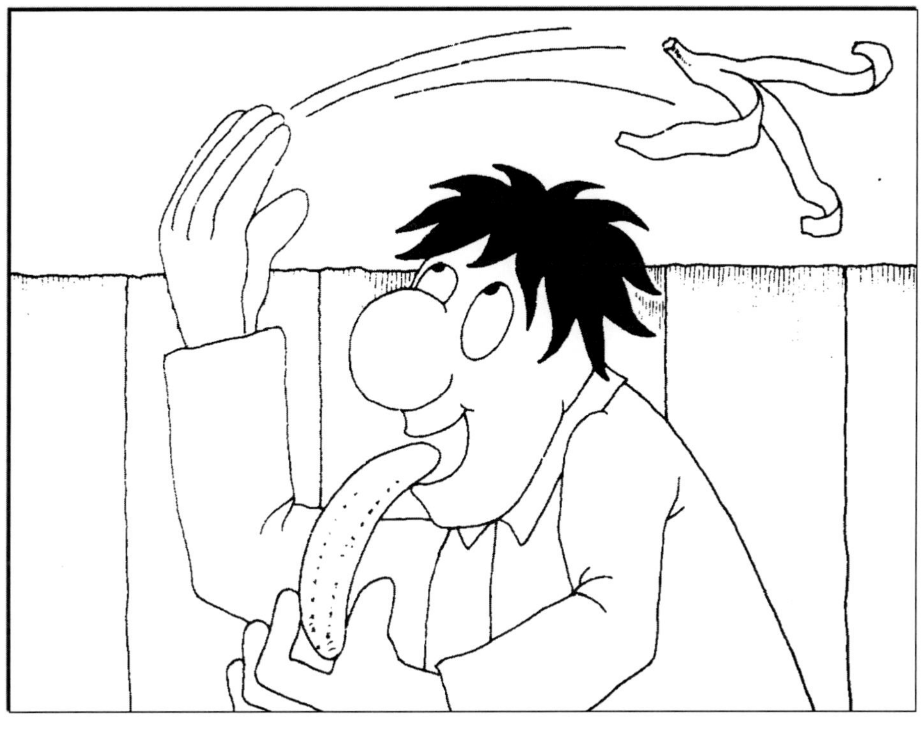

Bilderreihe 15

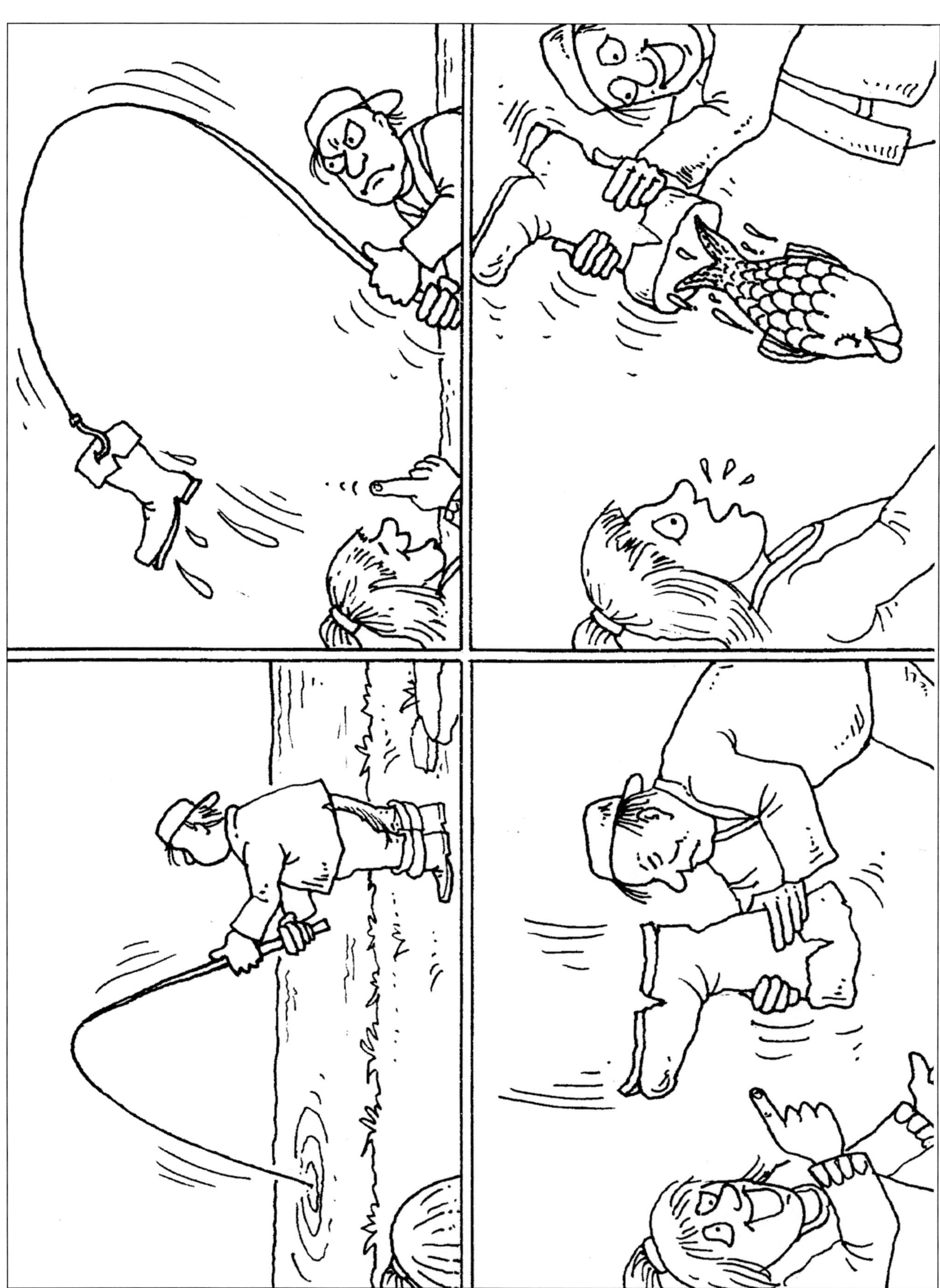

Bilderreihe 15

Aufgaben

Aufgabe 1: *Male die Bilder aus.*

Aufgabe 2: *Betrachte die Bilder aufmerksam und beantworte die Fragen in Stichwörtern.*

a) *Wer und was ist auf den Bildern zu sehen? Was passiert gerade?*

b) *Welche Gedanken könnte der Fischer haben? Verwende die wörtliche Rede mit eingeschobenem Begleitsatz. Achte auf die Zeichensetzung.*
Beispiel: „Pech“, denkt der Fischer, „noch keinen einzigen Fisch heute!“

! Bilderreihe 15

Aufgaben

Aufgabe 1: *Baue die Sätze um, folge dem Hinweis.*

„So ein Pech, keinen einzigen Fisch gefangen!"
(wörtliche Rede ohne Begleitsatz → eingeschobener Begleitsatz)

____

____

____

Der Fischer schimpft: „Was steckt denn da in dem dummen Stiefel?"
(vorangestellter Begleitsatz → nachgestellter Begleitsatz)

____

____

____

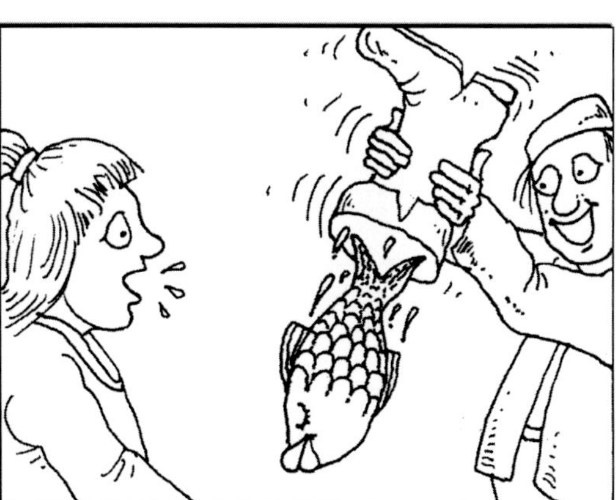

„Da ist er doch, mein Fisch!", strahlt der Fischer.
(nachgestellter Begleitsatz → eingeschobener Begleitsatz)

____

____

____

KOHL VERLAG
Bildergeschichten zur Aufsatzerziehung

Bilderreihe 15

✶ 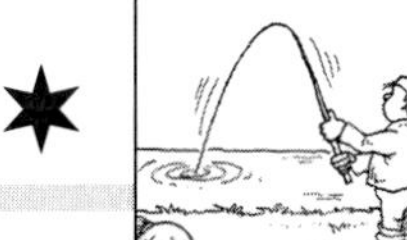

Aufgaben

Aufgabe 1: *Baue drei Sätze in der wörtlichen Rede. Denke an die richtigen Satzzeichen.*

vorangestellter Begleitsatz

____

____

____

nachgestellter Begleitsatz

____

____

____

eingeschobener Begleitsatz

____

____

____

Bilderreihe 16

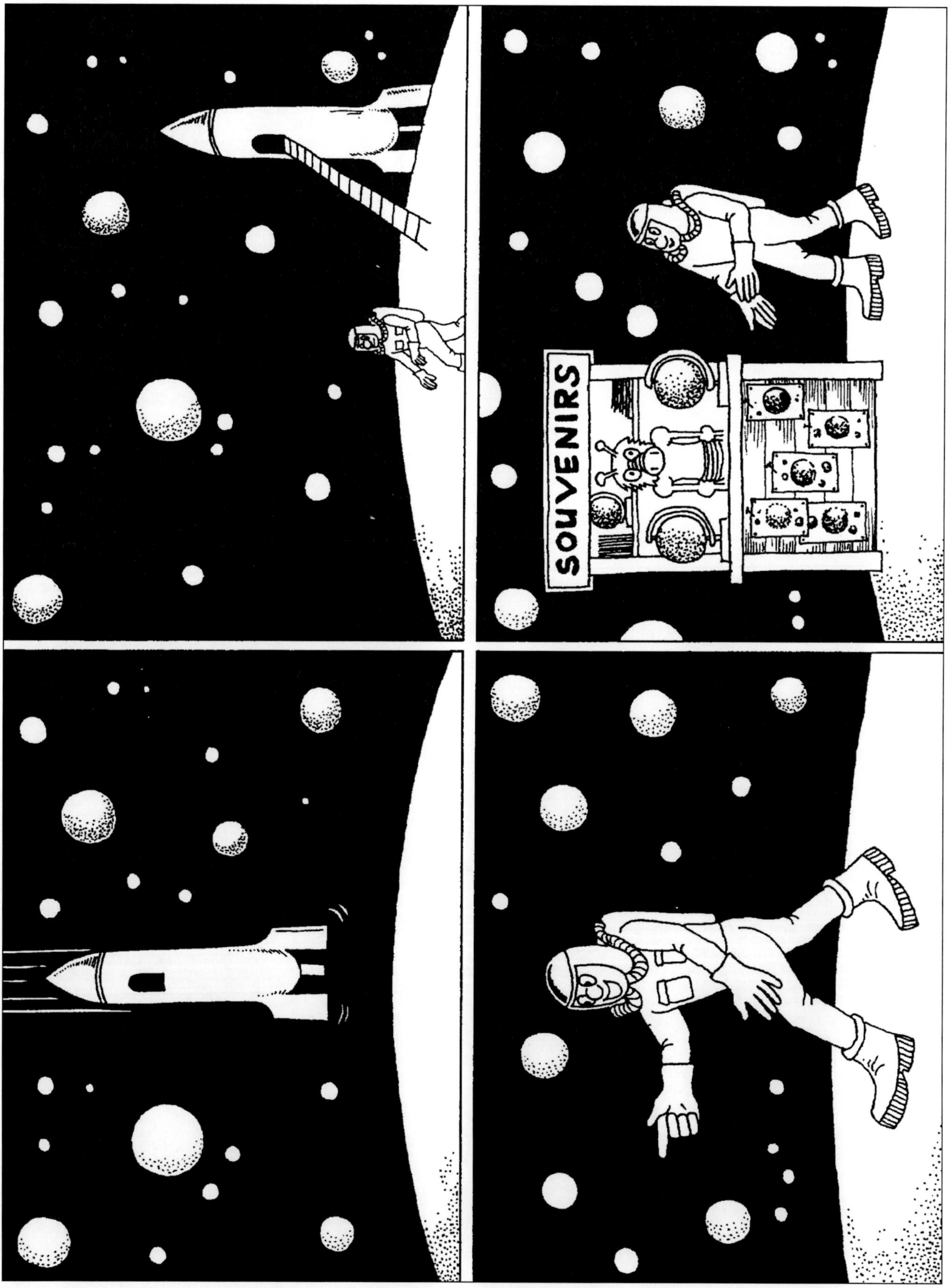

KOHL VERLAG Bildergeschichten zur Aufsatzerziehung
Klasse 3-4 Bestell-Nr. 12 653

Bilderreihe 16 ⊙ ! ✶

Aufgaben

Aufgabe 1: *Betrachte die Bilder aufmerksam und beantworte die Fragen in Stichwörtern.*

a) *Wer und was ist auf den Bildern zu sehen? Was passiert gerade?*

____

____

____

____

____

____

____

____

b) *Welche Gedanken könnte der Astronaut haben? Schreibe zwei Sätze in der wörtlichen Rede (jeweils einen mit vorangestelltem und einen mit nachgestelltem Begleitsatz). Achte auf die Zeichensetzung.*

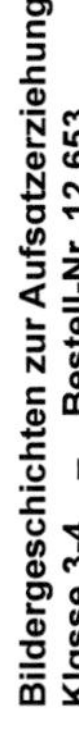

! Bilderreihe 16

Aufgaben

Aufgabe 1: **a)** *Welche Eigenschaften braucht man, um Astronaut zu werden? Markiere die treffenden Adjektive.*

gesund – mürrisch – diszipliniert – lieb – sportlich – attraktiv – gescheit – hübsch – klug – angeberisch – ausdauernd – neugierig – tolerant – kommunikativ – ängstlich – musikalisch – frech – freundlich – gebildet – geduldig – arbeitsam – wild – aufrichtig – lustig – aggressiv – drollig – mutig – wissbegierig – scheu

b) *Finde Synonyme zu folgenden Adjektiven und schreibe sie auf die Linien.*

fit: ______________________________

____

____

____

kontaktfreudig: ______________________________

____

____

____

clever: ______________________________

____

____

____

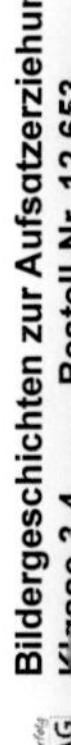

Bilderreihe 16

Aufgaben

Aufgabe 1: **a)** *Markiere Adjektive aus den gleichen Wortfeldern in der gleichen Farbe.*

b) *Finde hier Adjektive mit gegenteiliger Bedeutung (Gegensatzpaare) und schreibe sie unten auf.*

gesund

mürrisch

fit

lieb

disziplinert

sportlich

attraktiv

gescheit

klug

hübsch

angeberisch

schüchtern

ausdauernd

neugierig

kommunikativ

tolerant

frech

entschlossen

musikalisch

ängstlich

wild

arbeitsam

gebildet

mutig

freundlich

geduldig

lustig

tapfer

scheu

clever

wissbegierig

aufrichtig

drollig

belastungsfähig

aggressiv

kontaktfreudig

unsicher

Bildergeschichten zur Aufsatzerziehung
Klasse 3-4 – Bestell-Nr. 12 653
KOHL VERLAG

Bilderreihe 17

Bildergeschichten zur Aufsatzerziehung
Klasse 3-4 – Bestell-Nr. 12 653
KOHL VERLAG

Bilderreihe 17

Aufgaben

Aufgabe 1: *Betrachte die Bilder aufmerksam und beantworte die Fragen in Stichwörtern.*

a) *Wer und was ist auf den Bildern zu sehen? Wie könnte der Fahrer heißen? Gib ihm einen Namen. Was passiert gerade?*

____

____

____

____

____

____

____

____

b) *Was könnten der Fahrer und der Kranke in dieser Situation sagen/ denken? Markiere treffende Sätze entsprechend mit „F“ oder „K“.*

Nicht zu schnell schieben!

Wenn ich es jemandem erzähle, glaubt es mir keiner...

Ich freue mich so, wenn ich helfen kann!

Hey Leute, gebt Gas!

Er hat ja noch ganz viel Kraft!

Bilde zwei Sätze in der wörtlichen Rede, benutze dabei die Satzvorschläge von oben oder denke dir selbst welche aus.

„____, *meint der Fahrer.*

Der Kranke flucht: „____“

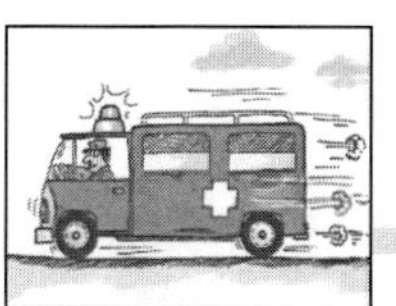

! Bilderreihe 17

Aufgaben

Aufgabe 1: *Kannst du die Verben lesen? Schreibe sie darunter. Male die Wörter, die zu einem Wortfeld gehören, in derselben Farbe an.*

nenner	neierhcs	neheg	neder
______	______	______	______
neggoj	netrowtna	nellürb	nrednaw
______	______	______	______
nehcielhcs	nrettanhcs	nretsülf	neknih
______	______	______	______
neztilf	nlemmub	nehculf	nehcsus
______	______	______	______

Bilderreihe 17

Aufgaben

Aufgabe 1: *Finde hier im Suchsel 7 Verben aus dem Wortfeld „fahren“ und 7 Verben aus dem Wortfeld „sagen“.*

F	L	I	T	Z	E	N	Q	R	A	S	E	N
R	A	T	T	E	R	N	R	O	L	L	E	N
S	C	H	L	E	I	C	H	E	N	E	D	F
S	A	U	S	E	N	T	U	C	K	E	R	N
N	Ö	R	G	E	L	N	J	U	B	E	L	N
K	R	E	I	S	C	H	E	N	S	D	R	F
S	C	H	I	M	P	F	E	N	W	F	V	B
F	L	U	C	H	E	N	R	U	F	E	N	W
R	E	D	E	N	Q	W	E	C	T	H	K	N

Bilderreihe 18

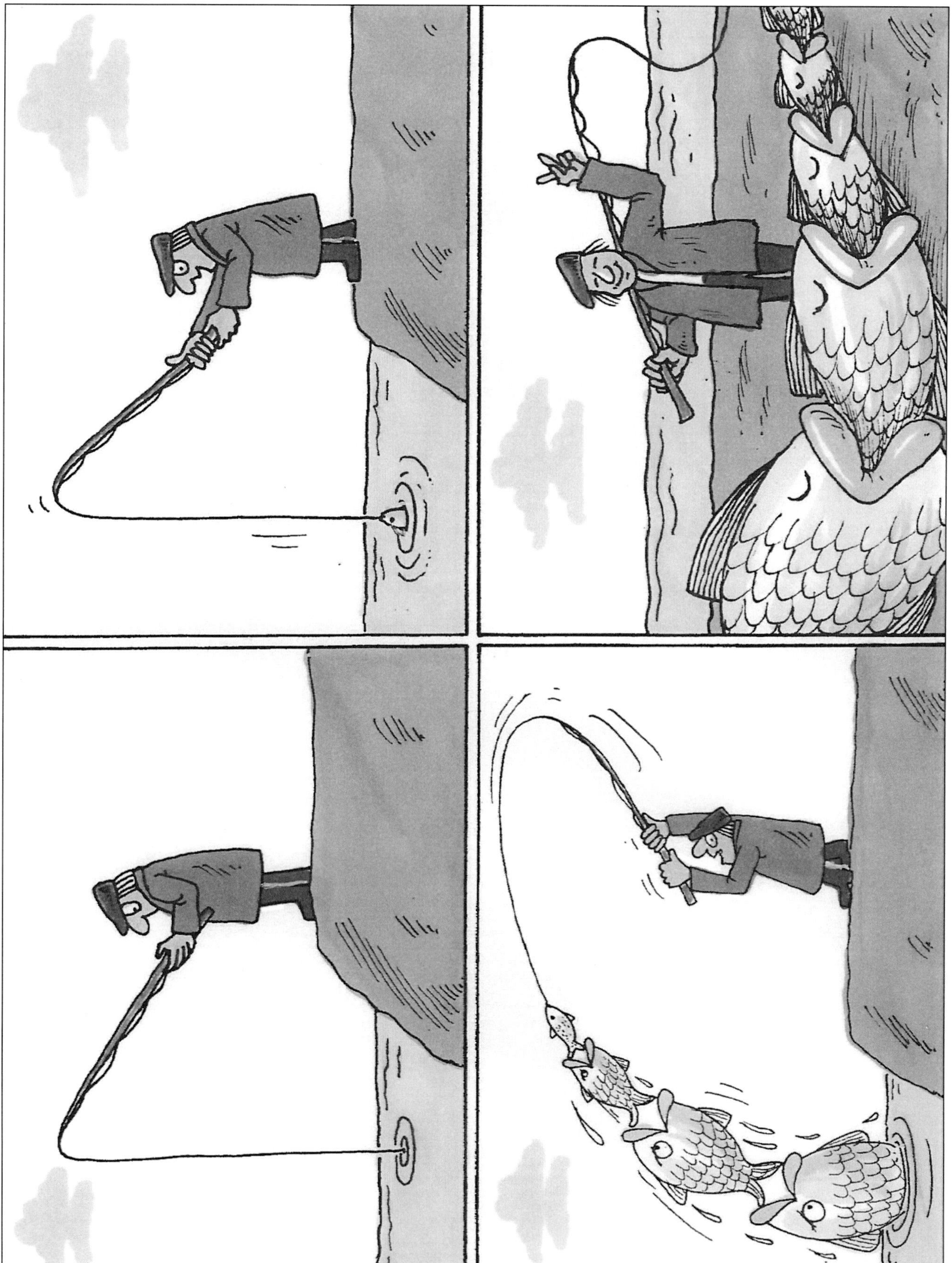

Bilderreihe 18 

Aufgaben

Wortfamilie
(Gruppe von Wörtern) → gleicher Stamm
→ sind miteinander „verwandt"

Beispiel:
Wortfamilie „gehen": aufgehen, ausgehen, übergehen, Gehweg, Durchgang

Wortfeld → nicht miteinander „verwandt"
→ gehören zum gleichen Thema

Beispiel:
Wortfeld „gehen": rennen, laufen, humpeln, spazieren, eilen, schleichen

Aufgabe 1: a) Verbinde alle Wörter, die zum Wortfeld „Freude haben" gehören.

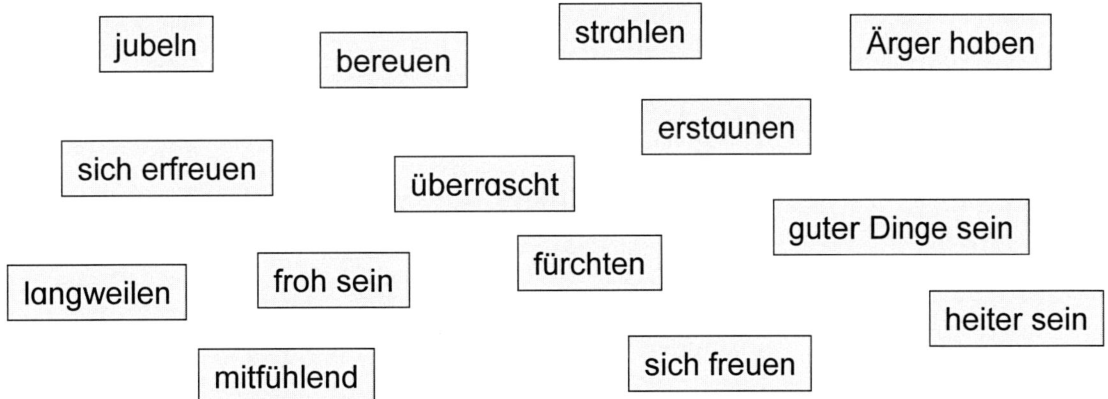

b) Welche Wörter gehören zu einer Wortfamilie? Markiere sie.

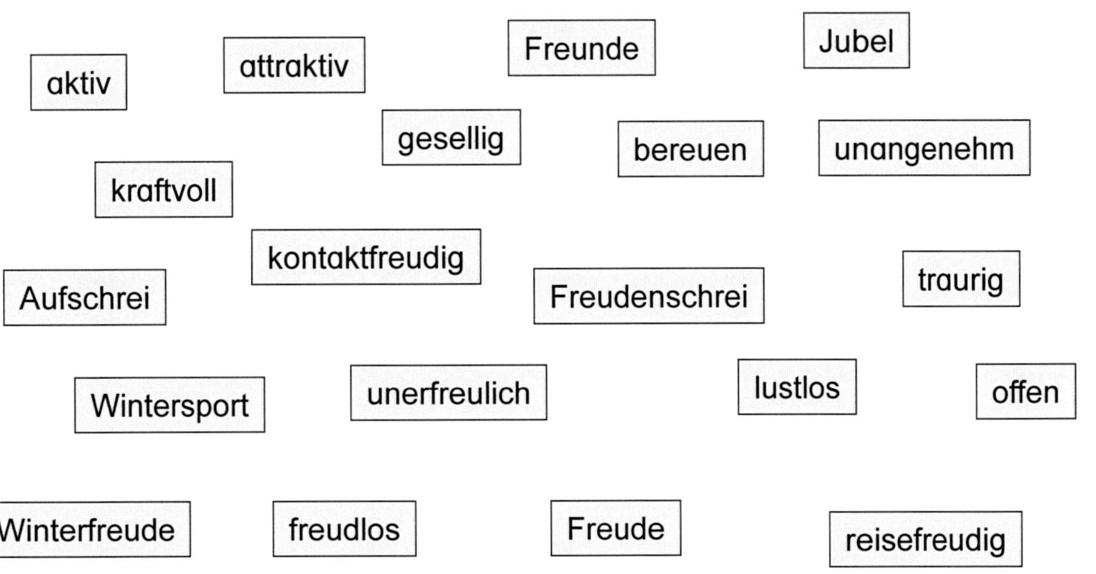

Bilderreihe 18

Aufgaben

Unterschiedliche Satzanfänge brauchst du dafür, dass dein Text anschaulich und nie langweilig wird. Beginne jeden neuen Satz mit einem anderen Wort, um dich nicht zu wiederholen!

Aufgabe 1: **a)** *Verbinde Satzanfänge mit gleicher oder ähnlicher Bedeutung.*

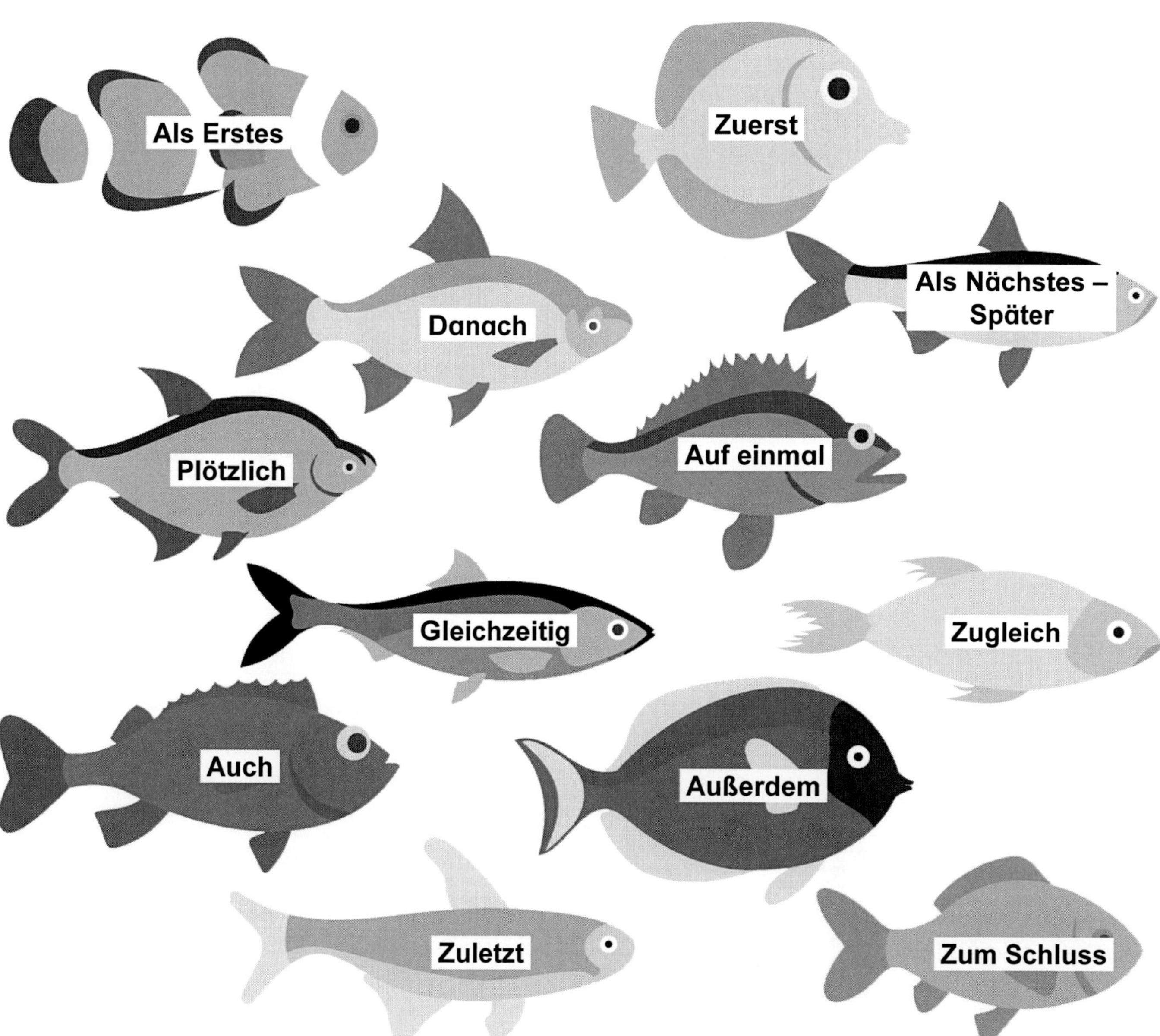

b) *Bilde zwei Sätze zu den Bildern. Benutze die Satzanfänge aus a).*

____

____

____

Bildergeschichten zur Aufsatzerziehung
Klasse 3-4 – Bestell-Nr. 12 653
KOHL VERLAG

Bilderreihe 18

Aufgaben

Um die Häufung vieler „Danns“ in deinen Texten zu vermeiden, solltest du möglichst viele unterschiedliche Satzanfänge verwenden.

Aufgabe 1: **a)** *Fülle die Lücken und markiere Satzanfänge mit gleicher/ähnlicher Bedeutung in der gleichen Farbe.*

b) *Bilde zwei Sätze zu der Bildergeschichte.*

d_n_ch
sp_ter
pl_tz_ich
zu_rs_
beim n_chst_n M_l
m_t_ler_eile
z_g_e_ch
so_b_n
let_te_dli_h
eh_
wenige Au_en-bl_cke spät_r
als E_ste_
a_f ei_mal
g_eich_eit_g
z_m S_hlus_
z_letzt
ba_d da_a_f
schli_ßli_h
schlag_rtig
anf_ng_
am En_e
wä_rend
ne_lich

____

____

____

Bildergeschichten zur Aufsatzerziehung
Klasse 3-4 – Bestell-Nr. 12 653
KOHL VERLAG

Bilderreihe 19

Bildergeschichten zur Aufsatzerziehung
KOHL VERLAG

Bilderreihe 19 ⊙ ! ✶

Aufgaben

Aufgabe 1: **a)** Male die Bilder aus.

b) Betrachte die Bilder aufmerksam und beantworte die Fragen. Schreibe in ganzen Sätzen.

- Was für eine Person ist auf dem Bild zu sehen?
- Wie könnte sie heißen?
- Wie alt könnte sie sein?
- Was will die Frau tun?

c) Schreibe in Stichwörtern deine Ideen zu dem Bild auf. Was passierte wohl? Wechsle dabei nicht die Zeitform.

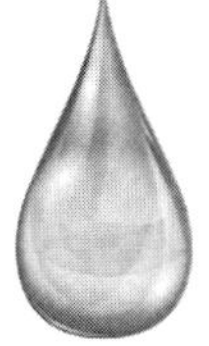

Aufgabe 2: Welche Satzanfänge passen, um das Bild zu beschreiben? Bilde zwei Sätze mit verschiedenen Satzanfängen.

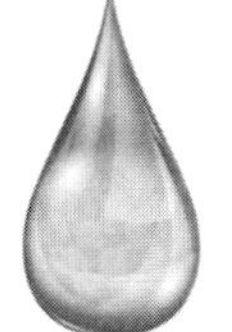

zuerst – plötzlich – gleichzeitig – auch – zuletzt – seit – anschließend – inzwischen – erst – während – vor Kurzem – bevor – nachdem – jetzt – nun – mittlerweile – als Nächstes – schon – mittlerweile – gleichzeitig – zur selben Zeit – daraufhin

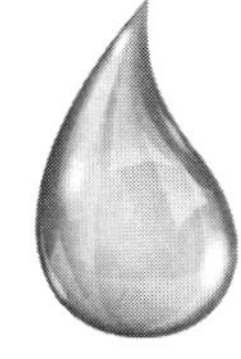

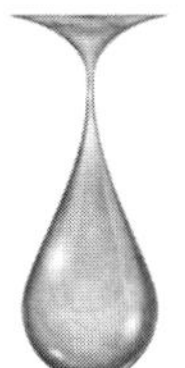

! Bilderreihe 19

Aufgaben

Aufgabe 1: *Finde hier im Suchsel neun verschiedene Satzanfänge. Ordne sie richtig zu.*

A	N	F	A	N	G	S	C	B	Z	U	H	Z
D	R	T	Z	E	U	P	K	O	U	F	G	U
X	C	F	T	U	Q	Ä	R	B	L	P	F	E
V	G	Z	U	L	A	T	D	H	E	L	G	R
N	H	Z	R	I	Y	E	C	U	T	M	Z	S
D	A	N	A	C	H	R	F	I	Z	Z	H	T
V	F	R	E	H	L	K	J	H	T	Z	G	D
Z	U	M	S	C	H	L	U	S	S	Y	X	C
A	N	S	C	H	L	I	E	ß	E	N	D	H
G	L	E	T	Z	T	E	N	D	L	I	C	H

Anfang **Satzmitte** **Ende**

Anfang	Satzmitte	Ende

Bilderreihe 19 ✶

Aufgaben

Aufgabe 1: *Lies die unterschiedlichen Satzanfänge und füge jeweils 2 weitere dazu.*

Zeit (Anfang)	**Zeit** (Satzmitte)	**Zeit** (Schluss)
anfangs	bald darauf	letztendlich
am Anfang	im nächsten Augenblick	zuletzt
___	___	___
___	___	___
___	___	___

Ort/Richtung	**Gefühle**	**Spannendes**
unterwegs	begeistert	schlagartig
zuhause	vorsichtig	unerwartet
___	___	___
___	___	___
___	___	___

Bilderreihe 20

Bildergeschichten zur Aufsatzerziehung
KOHL VERLAG

Bilderreihe 20 ⊙ ! ✶

Aufgaben

Aufgabe 1: **a)** *Male die Bilder aus.*

b) *Betrachte die Bilder aufmerksam. Was denkt sich wohl der Hund? Fülle die Gedankenblasen in der wörtlichen Rede.*

Lies dir die Beispiele durch und bilde drei eigene Sätze: einen mit vorangestelltem Redebegleitsatz, einen mit nachgestelltem Redebegleitsatz und einen mit entferntem eingeschobenem Begleitsatz.

Vorangestellter Begleitsatz

Beispiel: Der Hund denkt nach: „*So ein langweiliger Tag heute! Ich würde jetzt so gerne spielen*!"

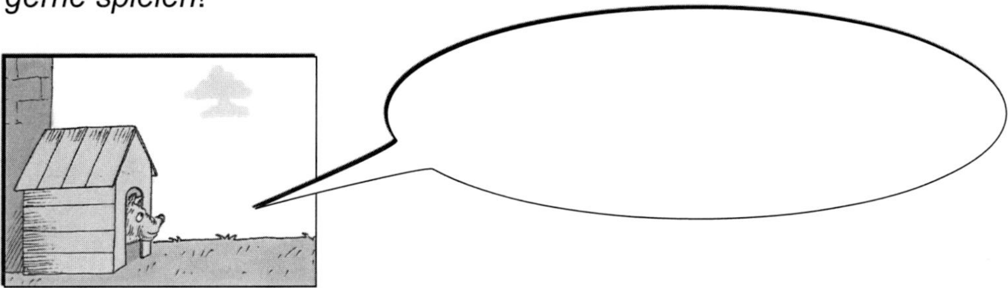

____

____

____

Nachgestellter Begleitsatz

Beispiel: „*Hopsa! Woher kommt der Ball wohl?", wundert sich der Hund.*

Eingeschobener Begleitsatz

Beispiel: „Hopsa!", fragt sich der Hund, „Woher kommt der Ball wohl?"

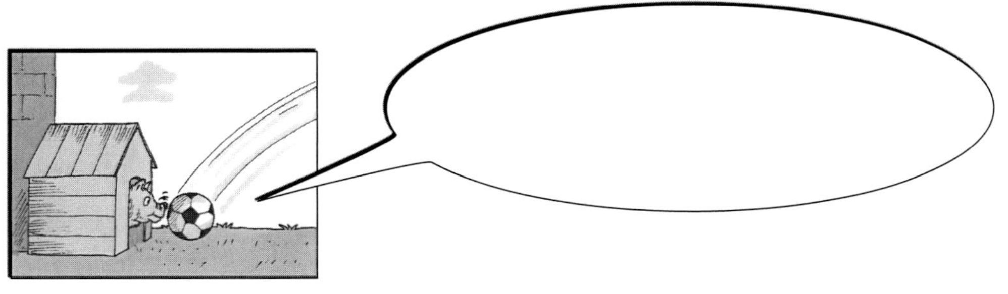

____

____

____

! Bilderreihe 20

Aufgaben

In Aufsätzen schreibt man oft, was jemand denkt. Hierfür gibt es viele Wörter, die das Verb „denken“ ausdrücken. Hier sind einige davon.

Aufgabe 1: *Kannst du die Wörter lesen? Schreibe sie auf und markiere die Verben aus dem Wortfeld „denken“.*

negelrebü

nlebürg

nelhäzre

neknedhcan

nereisatnaf

nehcerps

nemhenna

nebualg

nefur

neztähcs

neniem

Bilderreihe 20

✶ 

Aufgaben

Aufgabe 1: *Finde hier im Suchsel 7 Verben aus dem Wortfeld „denken" und 7 Verben aus dem Wortfeld „sagen". Schreibe sie auf die Linien. Schreibe 2 Sätze zur Bildergeschichte. Verwende die wörtliche Rede. Benutze die Verben aus dem Wortfeld „denken".*

Ü	B	E	R	L	E	G	E	N	Q	W	E	S
G	R	Ü	B	E	L	N	Z	A	D	C	S	C
F	Ü	V	G	Z	U	J	K	C	T	G	C	H
F	L	Ü	S	T	E	R	N	H	Z	A	H	N
F	L	U	C	H	E	N	F	D	H	B	Ä	A
R	E	D	E	N	A	D	R	E	N	W	T	T
A	N	T	W	O	R	T	E	N	M	Ä	Z	T
S	C	H	R	E	I	E	N	K	J	G	E	E
P	H	A	N	T	A	S	I	E	R	E	N	R
Q	A	N	N	E	H	M	E	N	R	N	P	N

Lösungen

Bilderreihe 1 ⊙ ! ✶

Aufgabe 1: Lösungsbeispiel:

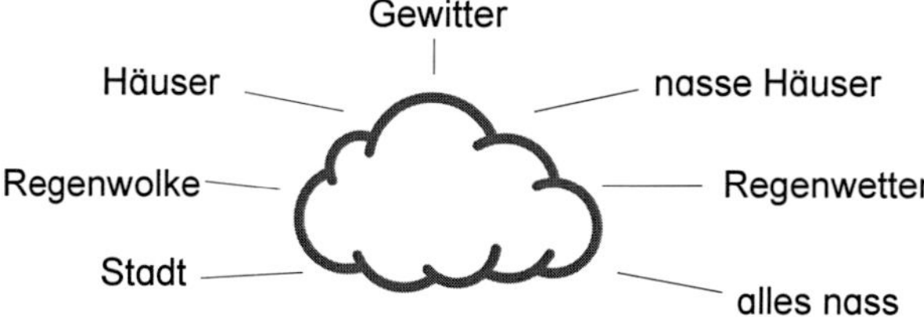

Aufgabe 2: Individuelle Lösungen

Aufgabe 3:

- **[es war ein schöner Sommertag]**
- es war tief in der Nacht
- **[in einer Großstadt]**
- große Schneewolke
- **[schwere dunkle Regenwolke]**
- viele kleine Wölkchen
- ein kleines Dorf im Gebirge

Bilderreihe 1 !

Aufgabe 1: individuelle Lösungen, Lösungsbeispiel:

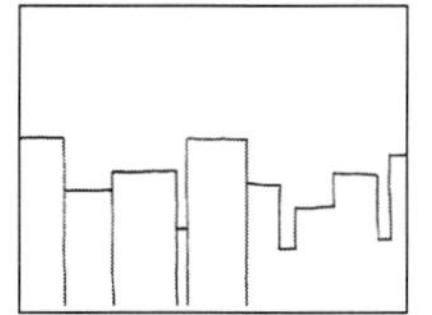
Stadt, Hochhäuser, schönes Wetter

Regenwolke, Gewitter kommt, windig

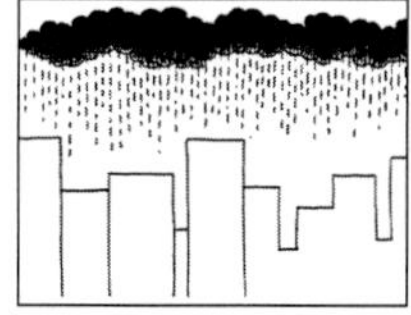
Regenwetter, bewölkt, große Regenwolke

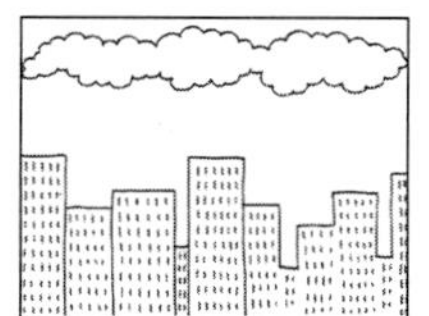
nasse Häuser, nasse Straßen, leichte Wolken

Aufgabe 2: individuelle Lösungen, Lösungsbeispiel:
An einem sonnigen Herbsttag … Eines morgens
Letzte Woche … Vorigen Sonntag …

Bilderreihe 2 ⊙ ! ✶

Aufgabe 1: individuelle Lösungen, Lösungsbeispiel:

zu Bett gehen, sich richten, Wecker stellen

wach bleiben, Schafe zählen

schlaflos, Schafe zählen, spät in der Nacht

Sonnenaufgang, Schafe zählen, Wecker klingelt, schlaflose Nacht

Aufgabe 2: individuelle Lösungen

Aufgabe 3:

- ☒ Eigentlich will ich noch gar nicht schlafen, aber morgen muss ich früh aufstehen.
- ☐ Es ist schon 6.30 Uhr… Ich muss mich beeilen…
- ☒ Ich bin so müde, bestimmt schlafe ich gleich ein, wenn ich im Bett bin…
- ☐ Schon 10 Uhr! Heute habe ich aber lange geschlafen!

Lösungen

Bilderreihe 2 !

Aufgabe 1: individuelle Lösungen, Lösungsbeispiel

Tunwörter: zu Bett gehen, sich richten, Wecker stellen, wach bleiben, Schafe zählen

Wiewörter: müde, schläfrig, schlaflos

Aufgabe 2: individuelle Lösungen, Lösungsbeispiel

1. Bild: *„Bin ich müde! Endlich ins Bett…"*
2. Bild: *„Wenn ich Schäfchen zähle, schlafe ich schnell ein…"*
3. Bild: *„Jetzt habe ich schon 136 Schafe gezählt…"*
4. Bild: *„Was soll das? Schon über 2000 Schafe aufgezählt und ich bin immer noch wach!"*

Bilderreihe 2 ✶

Aufgabe 1: Beispiele: „Schafe werden niemals müde."

„Wenn auch die Schafe nicht müde werden…"

„Wenn auch die Schafe nicht einschlafen können."

Bilderreihe 3 ⊙ ! ✶

Aufgabe 1:

Aufgabe 2: individuelle Lösungen

Aufgabe 3: Individuelle Lösungen, Lösungsbeispiel:

Heute male ich einen schönen Baum."

„Oh je, was soll das!"

„Mein Bild wird immer schöner!"

„Du dummer Hund, was hast du angestellt!"

Bilderreihe 3 ! ✶

Aufgabe 1: Vorangestellter Begleitsatz: Der Maler denkt: *„Mein Bild wird immer schöner!"*

Nachgestellter Begleitsatz: *„Heute male ich einen schönen Baum"*, freut sich der Maler.

Eingeschobener Begleitsatz: *„Du dummer Hund"*, schreit der Maler, *"Was hast du angestellt!"*

Bilderreihe 3 ✶

Aufgabe 1: **a)**

ängstlich	
besorgt	X
gestresst	
nervös	X
wütend	X
aufgeregt	X
entspannt	X

traurig	
verblüfft	X
begeistert	X
böse	
verlegen	
gelassen	X
unbekümmert	X

nachdenklich	X
sprachlos	X
verwirrt	X
ausgeglichen	X
beleidigt	
lustig	

zornig	
zufrieden	X
bedrückt	
entsetzt	X
sauer	X
aggressiv	

Lösungen

Bilderreihe 3 ✶

Aufgabe 1: **b)** Bild 1: nachdenklich, unbekümmert, gelassen
Bild 2: ausgeglichen, zufrieden, begeistert
Bild 3: verwirrt, nervös, besorgt, verblüfft
Bild 4: aufgeregt, entsetzt, sauer, wütend

Bilderreihe 4 ⊙ ! ✶

Aufgabe 1: z. B.: Furcht, Bange, Panik, Grausen, Schreck, Bammel

Aufgabe 2: **a)** z. B.: abstürzen, hinfallen, abflauen, ausrutschen, hinstürzen

b)

Infinitiv	Präteritum
sich erschrecken	er erschrak sich
einen Schrecken bekommen	er bekam einen Schrecken
Fassung verlieren	er verlor die Fassung
sich ängstigen	er ängstigte sich
zittern	er zitterte
schauern	er schauerte

Bilderreihe 4 !

Aufgabe 1: ängstlich, aufgeregt, entsetzt, besorgt, gestresst, sauer, nervös, sprachlos, wütend, verwirrt

Bilderreihe 4 ✶

Aufgabe 1: Individuelle Lösungen, Lösungsbeispiel:

2. Bild: Der Mann fragt sich: „*Was, wenn ich vom Baum herunterfalle*?"
3. Bild: „*Oh, nein, ach du Kacke*!", ruft der Mann.
4. Bild: „*Schnell wegrennen*", meint der Mann, "*Dann bin ich gerettet*!"

Bilderreihe 5 ⊙ ! ✶

Aufgabe 2: Individuelle Lösungen, Lösungsbeispiel:

Bild 1: froh, zufrieden, glücklich
Bild 2: entsetzt, wütend, verblüfft
Bild 3: wütend, verärgert, böse

Aufgabe 3: plötzlich (2); zuerst (1); an einem schönen Sommertag (1); zugleich (3); sofort (3);
ehe (2); bald darauf (4); wenige Augenblicke später (4); es war ein schöner Abend (1)

Bilderreihe 5 !

Aufgabe 1:

Lösungen

Bilderreihe 5 ✶

Aufgabe 1: 1. Bild: Der Junge freut sich: „*Drei Kugeln Mangoeis, hurra*!"
2. Bild: „*Ach du heiliger Bimbam*!", ruft der Junge.
3. Bild : „*Sapperlot*!", denkt der Junge."*Na warte mal*!"

Bilderreihe 6 ⊙ ! ✶

Aufgabe 1: **a)**

Anfang	Satzmitte	Ende
Anfangs	Anschließend	Abschließend
Neulich	Danach	Letztendlich
Bevor	Gleich darauf	Zuletzt
	Später	Zum Abschluss
	Während	Am Ende

b) Ganz am Anfang, Einmal, auf Einmal, plötzlich, unerwartet, Zum Schluss, Endlich

Aufgabe 2: Individuelle Lösungen, Lösungsbeispiel:

Einmal war es Jannis langweilig und er schaltete den Fernseher an. In einem Zauberprogramm zeigte man gerade einen sehr bekannten Zauberer. Janis machte es sich bequem auf dem Sofa vorm Fernseher. „Was, kann das wahr sein?", schrie Jannis. Auf einmal war sein Fernseher weg!

Bilderreihe 6  ✶

Aufgabe 1:

Zeit (Anfang)	Zeit (Satzmitte)	Zeit (Ende)
Anfangs Als Erstes Zuerst Bevor Neulich	Anschließend Danach Gleich darauf Später Während	Abschließend Am Ende Letztendlich Zuletzt Zum Abschluss

Gefühle	Spannendes	Ort und Richtung
Dankbar Traurig Wütend Begeistert Glücklich	Fassungslos Geheimnisvoll Unerwartet Schlagartig Plötzlich	Hier Neben Drinnen Unterwegs Zwischen

Bilderreihe 7 ⊙ ! ✶

Aufgabe 1:

Die Prinzessin und der Frosch sind an einem Brunnen. Das Handy rutscht der Prinzessin aus der Hand und fällt ins Wasser.	Der Frosch springt in den Brunnen.	Der Frosch holt das Handy aus dem Wasser.	Die Prinzessin verliebt sich in den Frosch und küsst ihn.

Aufgabe 3: Bild 1: erschrocken, verwirrt, sprachlos
Bild 2: hoffnungsvoll, erstaunt, begeistert
Bild 3: glücklich, dankbar

Lösungen

Bilderreihe 7 !

Aufgabe 1:

Prinzessin	**Frosch**
die sprachlose Prinzessin	der wissbegierige Frosch
die erstaunte Prinzessin	der hilfsbereite Frosch
die dankbare Prinzessin	der glückliche Frosch

Bilderreihe 7 ✶

Aufgabe 1:

positive Gefühle:	**negative Gefühle**
zufrieden	wütend
gesellig	zornig
tapfer	launisch
zuversichtlich	hilflos
mutig	grantig
ruhig	verletzt
überglücklich	beschämt
neugierig	ungeduldig
locker	träge, sprachlos

Bilderreihe 8 ⊙ ! ✶

Aufgabe 1:

Eine Katze sitzt am Fahrbahnrand. Ein kleiner LKW mit einem großen Fisch fährt an der Katze vorbei.	Die Katze riecht den leckeren Fisch und rennt dem LKW hinterher.	Die Katze wagt einen Sprung auf das Dach des LKWs.	Gesättigt, springt die Katze vom LKW auf die Straße.

Aufgabe 3:

Fisch in Sicht!	Schnell hinterher!	Sprung zum Fisch.	Leckerer Fisch.	individuell

Bilderreihe 8 !

Aufgabe 1: Individuelle Lösungen

Aufgabe 2:

a) Bild 1: *„Ich habe so großen Hunger… Gerne würde ich jetzt etwas essen…“*
Bild 2: „Lecker! Der Fisch kommt gerade richtig. Den hole ich mir.“
Bild 3: *„Nur noch einen Sprung entfernt von der Dellikatesse!“*
Bild 4: *„Etwas anstrengend, aber das war sooo köstlich!“*

b) 1. „Lecker! Der Fisch kommt gerade richtig ... “, überlegt die Katze.
2. Die Katze freut sich:„Nur noch einen Sprung entfernt von der Dellikatesse!“
3. „Etwas anstrengend,“ denkt sich die Katze, „Aber das war sooo köstlich!“

Lösungen

Bilderreihe 9 ⊙ **!** ✶

Aufgabe 1: Individuelle Lösungen

Bilderreihe 9 **!**

Aufgabe 1: Au! Hoppla! ~~Hurra! Heissa! Hallo? Gott sei dank!~~ Autsch! Aua!

Bilderreihe 9 ✶

Aufgabe 1:

H						S	T	Ü	R	Z	E	N		
I														
N		A	U	S	R	U	T	S	C	H	E	N		
F										I				
A										N				
L		P	L	U	M	P	S	E	N	S		P		H
L	A	B	S	I	N	K	E	N		E		U		I
E	B									G		R		N
N	S									E		Z		K
	A									L		E		N
	C	H	I	N	S	A	U	S	E	N		L		A
	K											N		L
	E													L
	N													E
														N

Bilderreihe 10 ⊙ **!** ✶

Aufgabe 2: **a)+b)** Individuelle Lösungen

Aufgabe 3: Bild 1: „*Nie mehr so viel Gepäck mitnehmen*!"

Bild 2: „*Nur noch um die Kurve, dann ist es nicht mehr so steil.*"

Bild 3: „*Oh mein Gott, nein*!"

Bild 4: „*Eine Katastrophe! Was mache ich nun*?"

Bilderreihe 10 **!**

Aufgabe 1: Bild 1: „*Nie mehr so viel Gepäck mitnehmen*!", denkt Peter.

Bild 2: „*Nur noch um die Kurve*", überlegt Peter."*Dann geht es nicht mehr so steil.*"

Bild 3: „*Oh mein Gott, nein*!", schimpft Peter.

Bild 4: „*Eine Katastrophe*!", flucht Peter, „*Was mache ich nun*?"

Bilderreihe 10 ✶

Aufgabe 1: Individuelle Lösungen

Bilderreihe 11 ⊙ **!** ✶

Aufgabe 1: Bild 1: wackeln, schreiten, wandern, marschieren, spazieren, bummeln

Bild 2: laufen, tappen, wackeln, schreiten, wandern, marschieren, spazieren, bummeln

Bilderreihe 11 **!**

Aufgabe 1: Individuelle Lösungen

Lösungen

Bilderreihe 11 ✶

Aufgabe 1: Nach dem Essen sollst du stehen oder tausende Schritte gehen.
Viele Köche verderben den Brei.
Besser eigenes Brot als fremder Braten.
Hunger macht saure Bohnen süß.
Wer den Kern essen will, muss die Nuss knacken.

Bilderreihe 12 ⊙ ! ✶

Aufgabe 1: Bild 1: „Da ist es, das Buch mit den schönen Märchen"; „Ich habe hier was Besseres zu lesen."

Bild 4: Oma freut sich: "Da ist es, das Buch mit den schönen Märchen"; „Ich habe hier was Besseres zu lesen.", meint der Junge.

Aufgabe 2: **a)**

Bild 2:		**Bild 4:**	
<u>Frau</u>	<u>Junge</u>	<u>Frau</u>	<u>Junge</u>
heiter	sauer	zufrieden	interessiert
freundlich	gelangweilt	fröhlich	erleichtert

b) Synonyme zu „<u>langweilig</u>": reizlos, einschläfernd

Synonyme zu „<u>freudig</u>": heiter, begeistert

Bilderreihe 12 !

Aufgabe 1: Person A: „Hallöchen, Ben!"
Person B: „Hallo, Oma!"
Person A: „Schau mal, was ich da Schönes für dich habe!"
Person B: „Was denn? Was Interessantes?"
Person A: „Genau, Ben! Spannende Märchen!"
Person B: „Märchen sind doch megalangweilig, Oma…"

Bilderreihe 12 ✶

Aufgabe 1:

U	L	K	I	G			L	U	S	T	I	G		B
A	B	G	E	S	C	H	L	A	F	F	T			E
T				E					A	R				G
R	E	I	Z	L	O	S			D	O		F		E
O				I					E	H		L		I
C				G								A		S
K						H	E	I	T	E	R	U		T
E														E
N	U	N	L	E	B	E	N	D	I	G				R
Z	U	F	R	I	E	D	E	N						T

freudig: heiter, ulkig, lustig, selig, froh, zufrieden

langweilig: trocken, fade, reizlos, unlebendig, flau, abgeschlafft

Bilderreihe 13 ⊙ ! ✶

Aufgabe 2: **b)** Bild 2: *„Was will denn der machen, etwa mich überholen?"*

Bild 3: *„Was soll das jetzt, ein Verrückter!"*

Bild 3: *„Jetzt hast du es! Du hast es verdient!"*

Lösungen

Bilderreihe 13 !

Aufgabe 1: fliegen, laufen, rennen, donnern, fliegen, drehen, stürzen, düsen, jagen, rasen, stürzen, schießen, brettern, flitzen, sausen

Ausdruck aus den restlichen Buchstaben: Ei -N-E-Nz-Ah-Nd-Ra-Uf-Ha-B-E-N (einen Zahn drauf haben)

Bilderreihe 13 ✶

Aufgabe 1: Aufrücken, rammen, rumsen, knallen, scheppern, krachen, rumsen, kollidieren, aufknallen, zusammenstoßen, aufschlagen

Bilderreihe 14 ⊙ ! ✶

Aufgabe 1: 1. Bild: zufrieden, glücklich, überrascht, ausgeglichen, erfüllt, froh, gelassen

2. Bild: fassungslos, sprachlos, verblüfft, verdattert, verdutzt, verwirrt

Bilderreihe 14 !

Aufgabe 1:

Ü	B	E	R	L	E	G	E	N				
						R		A				E
						Ü		C				R
						B		H				M
			A	H	N	E	N	D				E
						L		E				S
A	B	W	Ä	G	E	N		N				S
E	R	A	C	H	T	E	N	K				E
							M	E	I	N	E	N
A	N	N	E	H	M	E	N	N				
P	H	A	N	T	A	S	I	E	R	E	N	

Beispiel: Der Mann überlegte sich eine Zeitlang, wieso er jetzt die Bananenschale auf dem Kopf hatte.

Bilderreihe 14 ✶

Aufgabe 1: Bild 1: Der Mann meint: "*Ich werfe die Bananenschale einfach hinter den Zaun weg.*"
„*Was soll das! Wieso habe ich die Bananenschale auf dem Kopf*?“, jammert der Mann.

Bilderreihe 15 ⊙ ! ✶

Aufgabe 2: **b)** Bild 1: „*Bin mal gespannt*“, freut sich der Mann, „*ob ich heute auch so einen großen Fisch fange, wie letztes Mal*“

Bild 2: „*Oh nein*“, seufzt der Mann, „*ein Stiefel? Habe ich einen dummen Stiefel gefangen*?“

Bilderreihe 15 !

Aufgabe 1: Bild 1: „*So ein Pech*“, ärgert sich der Mann, „*keinen einzigen Fisch gefangen*!“

Bild 3: „*Was steckt denn da in dem dummen Stiefel*?“, schimpft der Fischer.

Bild 4: „*Da ist er doch*“, strahlt der Fischer, „*mein Fisch*!“

Bilderreihe 15 ✶

Aufgabe 1:

vorangestellter Begleitsatz: Der Fischer wundert sich: „Was ist denn das? Ein Stiefel?“

nachgestellter Begleitsatz: „Was ist denn das? Ein Stiefel?“, sagt der Fischer mürrisch.

Eingeschobener Begleitsatz : „Was ist denn das?“, überlegt der Fischer, „ein Stiefel?“

Lösungen

Bilderreihe 16 ⊙ ! ✶

Aufgabe 1: **b)** Bild 2: *„Toll! Ich bin der erste Mensch hier auf diesem Planeten*!“, strahlt der Astronaut.
Bild 4: Der Astronaut wundert sich: “*Was, Ich kann meinen Augen nicht glauben*!!

Bilderreihe 16 !

Aufgabe 1: **a)** gesund, diszipliniert, sportlich, gescheit, klug, ausdauernd, neugierig, tolerant, kommunikativ, freundlich, gebildet, geduldig, mutig, wissbegierig

b) fit: gesund, sportlich, ausdauernd,
kontaktfreudig: tolerant, kommunikativ, freundlich
clever: gescheit, klug, gebildet

Bilderreihe 16 ✶

Aufgabe 1: gesund mürrisch fit diszipliniert lieb sportlich attraktiv gescheit
hübsch klug angeberisch schüchtern ausdauernd neugierig tolerant
kommunikativ entschlossen ängstlich musikalisch frech freundlich gebildet
geduldig arbeitsam wild aufrichtig lustig drollig clever mutig wissbegierig
scheu kontaktfreudig belastungsfähig aggressiv tapfer unsicher

Bilderreihe 17 ⊙ ! ✶

Aufgabe 1: **b)** Er hat ja noch ganz viel Kraft! (**F**)
Lieber wäre ich zu Hause geblieben. (**K**)
Wenn ich es jemandem erzähle, glaubt es mir keiner...(**K**)

„Er hat ja noch ganz viel Kraft!“, meint der Fahrer.
Der Kranke flucht: “*Lieber wäre ich zu Hause geblieben.*“

Bilderreihe 17 !

Aufgabe 1:

nenner	neierhcs	neheg	neder
rennen	schreien	gehen	reden

neggoj	netrowtna	nellürb	nrednaw
joggen	antworten	brüllen	wandern

nehcielhcs	nrettanhcs	nretsülf	neknih
schleichen	schnattern	flüstern	hinken

neztilf	nlemmub	nehculf	nehcsuh
flitzen	bummeln	fluchen	huschen

Wortfeld „sagen“: schreien, reden, antworten, brüllen, schnattern, flüstern, fluchen
Wortfeld „gehen“: rennen, gehen, joggen, wandern, schleichen, hinken, flitzen, bummeln, huschen

Bilderreihe 17 ✶

Aufgabe 1:

F	L	I	T	Z	E	N		R	A	S	E	N
R	A	T	T	E	R	N	R	O	L	L	E	N
S	C	H	L	E	I	C	H	E	N			
S	A	U	S	E	N	T	U	C	K	E	R	N
N	Ö	R	G	E	L	N	J	U	B	E	L	N
K	R	E	I	S	C	H	E	N				
S	C	H	I	M	P	F	E	N				
F	L	U	C	H	E	N	R	U	F	E	N	
R	E	D	E	N								

Lösungen

⊙ ! ✶

Bilderreihe 18

Aufgabe 1: **a)** jubeln, strahlen, sich erfreuen, guter Dinge sein, froh sein, heiter sein, sich freuen

b) aktiv, Wintersport, reisefreudig,
gesellig, Freunde, kontaktfreudig, offen,
bereuen, unangenehm, traurig, unerfreulich, lustlos, freudlos,
kraftvoll, Aufschrei, Freudenschrei, Winterfreude, Freude, Jubel,

Bilderreihe 18 !

Aufgabe 1: **a)** Als Erstes – Zuerst
Danach – Als Nächstes – Später
Plötzlich – Auf einmal
Gleichzeitig – Zugleich
Auch – Außerdem
Zuletzt – Zum Schluss

b) Individuelle Lösungen

Bilderreihe 18 ✶

Aufgabe 1: danach; später; plötzlich; zuerst; beim nächsten Mal; mittlerweile;
zugleich; soeben; letztendlich; ehe; wenige Augenblicke später;
als Erstes; auf einmal; gleichzeitig; zum Schluss; zuletzt; bald darauf;
schließlich; schlagartig; anfangs; am Ende; ehe; während; neulich

Bilderreihe 19 ⊙ ! ✶

Aufgabe 1: <u>Lösungsbeispiel</u>: Vor Kurzem wollte Ida das Fenster im Erdgeschoß putzen. Sie nahm alles mit: einen Schwamm, einen Eimer mit warmem Wasser, eine Flasche mit Reinigungsmittel und zwei Tücher. Während sie das Fenster reinigte, schrie sie plötzlich vor Überraschung „Wo ist der Rahmen hin? Er ist nicht mehr da!"

Bilderreihe 19 !

Aufgabe 1:

<table>
<tr><td>A</td><td>N</td><td>F</td><td>A</td><td>N</td><td>G</td><td>S</td><td></td><td></td><td>Z</td><td></td><td></td><td>Z</td></tr>
<tr><td></td><td></td><td></td><td></td><td>E</td><td></td><td>P</td><td></td><td></td><td>U</td><td></td><td></td><td>U</td></tr>
<tr><td></td><td></td><td></td><td></td><td>U</td><td></td><td>Ä</td><td></td><td></td><td>L</td><td></td><td></td><td>E</td></tr>
<tr><td></td><td></td><td></td><td></td><td>L</td><td></td><td>T</td><td></td><td></td><td>E</td><td></td><td></td><td>R</td></tr>
<tr><td></td><td></td><td></td><td></td><td>I</td><td></td><td>E</td><td></td><td></td><td>T</td><td></td><td></td><td>S</td></tr>
<tr><td>D</td><td>A</td><td>N</td><td>A</td><td>C</td><td>H</td><td>R</td><td></td><td></td><td>Z</td><td></td><td></td><td>T</td></tr>
<tr><td></td><td></td><td></td><td></td><td>H</td><td></td><td></td><td></td><td></td><td>T</td><td></td><td></td><td></td></tr>
<tr><td>Z</td><td>U</td><td>M</td><td>S</td><td>C</td><td>H</td><td>L</td><td>U</td><td>S</td><td>S</td><td></td><td></td><td></td></tr>
<tr><td>A</td><td>N</td><td>S</td><td>C</td><td>H</td><td>L</td><td>I</td><td>E</td><td>ß</td><td>E</td><td>N</td><td>D</td><td></td></tr>
<tr><td></td><td>L</td><td>E</td><td>T</td><td>Z</td><td>T</td><td>E</td><td>N</td><td>D</td><td>L</td><td>I</td><td>C</td><td>H</td></tr>
</table>

Anfang	Satzmitte	Ende
anfangs	danach	letztendlich
zuerst	später	zuletzt
neulich	anschließend	zum Schluss

Lösungen

Bilderreihe 19 ✶

Aufgabe 1:

Zeit (Anfang)	**Zeit** (Satzmitte)	**Zeit** (Schluss)
anfangs neulich zuerst bevor	bald darauf im nächsten Augenblick danach später anschließend gleich darauf	letztendlich zuletzt zum Schluss ganz am Ende

Ort/Richtung	**Gefühle**	**Spannendes**
unterwegs zuhause draußen überall	begeistert vorsichtig glücklich aufgeregt	schlagartig unerwartet auf einmal plötzlich

Bilderreihe 20 ⊙ **!** ✶

Aufgabe 1: Vorangestellter Begleitsatz

Der Hund denkt nach: „Hoffentlich kommt jetzt mein Herrchen."

Nachgestellter Begleitsatz

„Juhu Da ist ja ein Ball!", wundert sich der Hund.

Eingeschobener Begleitsatz

„Hopsa!", fragt sich der Hund, „Soll ich auch Fußball spielen?"

Bilderreihe 20 !

Aufgabe 1: überlegen; grübeln; erzählen; durchdenken; nachdenken; phantasieren; sprechen; annehmen; glauben; rufen; schätzen; meinen

Bilderreihe 20 ✶

Aufgabe 1:

Ü	B	E	R	L	E	G	E	N				S
G	R	Ü	B	E	L	N		A			S	C
	Ü							C			C	H
F	L	Ü	S	T	E	R	N	H		A	H	N
F	L	U	C	H	E	N		D		B	Ä	A
R	E	D	E	N				E		W	T	T
A	N	T	W	O	R	T	E	N		Ä	Z	T
S	C	H	R	E	I	E	N	K		G	E	E
P	H	A	N	T	A	S	I	E	R	E	N	R
	A	N	N	E	H	M	E	N		N		N

KOHL VERLAG Bildergeschichten zur Aufsatzerziehung Klasse 3-4 ■ Bestell-Nr. 12 653